PHP
Business Shinsho

稼ぐ! プロ野球
新時代のファンビジネス

Masanori Kise
喜瀬 雅則

PHPビジネス新書

稼ぐ！プロ野球　新時代のファンビジネス

目次

第4章 SNS時代の情報発信とは——165

球団広報は何を撮り、何を見せ、どう伝えるか

ブックデザイン　トサカデザイン（戸倉 巌、小酒保子）
組版　桜井勝志（アミークス）
校正　槇一八
編集　大隅 元（ＰＨＰ研究所）

序章

多角化するコンテンツ・ビジネス

西武の本拠地改修にみる新しい球団経営

メットライフドーム前に移設される西武鉄道の車両（提供：西武ライオンズ）

揺らぐ経営の柱

プロ野球ビジネスにおける、球団の収入を構成する主要な「４本柱」がある。

入場料
放映権料
グッズ販売
広告などのスポンサー収入

そして、これらの各項目における売上の増減を左右するのが「観客動員数」だ。

お客さんが、入場券を購入して球場へ来る。

人気のあるチームだからこそ、試合をテレビ中継すれば視聴率も上がる。

来場したお客さんが、応援グッズを購入して盛り上がる。

その活気あるスタジアムに広告を出せば、多くの人の目に留まる。

集客を核としたビジネスモデルゆえに、その「観客動員数」がＫＰＩ（Key Performance Indicator＝重要業績評価指標）となる。

しかし、２０２０年（令和2年）のプロ野球界では、その前提が大きく揺らぐ事態に陥った。新型コロナウイルスの世界的な感染拡大の影響で、肝心の「集客」が激減したのだ。

開幕は３カ月遅れの６月19日にずれ込み、当初は無観客試合。

上限５０００人での観客受け入れは、開幕から３週間後の７月10日から。

収容人員の50％まで引き上げられたのは、開幕から３カ月後の９月19日だった。

シーズン１４３試合を１２０試合に短縮したおよそ５カ月間のシーズンは、何とか〝完走〟することはできた。しかし、その代償は、むしろこれから出てくるのだろう。

総観客数	２０１９年	２０２０年	前年比
【パ】	１１６６万９８９１人	２０６万８９５２人	82％減
【セ】	１４８６万７０７１人	２７５万４６２６人	81％減
1試合平均			
【パ】	２万７２０３人	５７４７人	79％減
【セ】	３万４６５５人	７６５２人	78％減

ちなみに両リーグとも、２０１９年（令和元年）の総観客数は過去最多を記録していた。

「入場料収入」は、球団の売上全体でも、30％から50％を占めると見られている。それだけに、２０２０年のコロナ禍による観客動員の大幅な落ち込みは、球団の台所事情を直撃する大問題でもあったのだ。

大半の球団は、これまでの内部留保などで２０２０年のマイナス分は何とか補えるのだという。ただ、同じような状況が２０２１年（令和３年）も続いた場合には、深刻な経営難に陥る球団が出てくるともいわれている。

その〝最悪のシナリオ〟を乗り越え、球界の新たなる未来を切り開いていくためのたゆまぬ努力と、さらなる挑戦への取り組みを探っていくのが、今回の著書の目的になる。

その前に、まずは球団ビジネスの『これまで』を、駆け足でたどってみたい。

「野球は稼げない」という通説

かつて、プロ野球球団は、親会社の「宣伝広告媒体」といわれてきた。

１９５４年（昭和29年）の国税庁通達により、子会社である球団への赤字補塡《ほてん》は「広告宣伝費」として損金処理ができる。本来なら、赤字補塡のような「財」の移転を伴わない資金の移動は「贈与」と見なされ、課税対象となる。

ところがこの通達により、球団事業で出した赤字は、本業の利益に対する税負担の軽減へと転換することができるのだ。

戦後直後の日本に、プロ野球を定着させる。親会社には〝タニマチ〟としての役割を担ってもらう代わりに、税制上のメリットを供与したというわけだ。

だから、野球で無理に稼がなくてもいい。

むしろ、野球なんかで稼げるはずもない。

それが昭和の、そして20世紀の日本野球界における〝通説〟でもあった。

戦後の経済復興、1960年代から70年代にかけての昭和の高度経済成長期。

80年代後半から90年代序盤にわたる平成のバブル経済期。

右肩上がりで成長する日本経済と足並みを揃えるように、隆盛を極めてきた日本のプロ野球。それは、親会社という潤沢な〝米櫃《こめびつ》〟があってのものだった。

赤字でも、親会社に埋め合わせてもらえる。

その〝暗黙の了解〟は、ビジネスの観点から見れば異常な姿ともいえた。

2004年（平成16年）に起こった「球界再編騒動」では、そうしたプロ野球球団の経営における〝ひずみ〟が、一気に噴出したような観があった。

巨人以外の11球団は、すべて赤字経営であり、現在の市場規模は大きすぎる。

これを適正サイズにするために、まずは1リーグ10球団、最終的には8球団へと「縮小均衡策」を採るのが、経営サイドの狙いだった。

その〝先駆け〟が、オリックスと近鉄の球団合併だった。

この計画とオーナーたちの目論見が明るみに出ると、選手会側は猛反発した。

シーズン中にもかかわらず、経営者サイドと日本プロ野球選手会による「労使交渉」が幾度となく繰り返された。

選手会側は、合併の当事者となったオリックス、近鉄の両球団に対し、球団経営による赤字が、一体どれくらいの金額なのかを具体的に示す財務資料などの提示を求めた。

しかし、オーナー側から提示されたのは「収支決算」のみだった。

2003年度（平成15年）の赤字額は、近鉄が約38億8000万円、オリックスは約37億円。年間経費は、近鉄が約84億4700万円、オリックスは約71億6100万円。

ただ、その内訳に関しては「球団は上場企業でないから」と公表されなかった。

経営実体は、事実上〝ブラックボックス化〟されていたのだ。

巨人戦頼みのビジネスモデル

巨人戦の放映権は「1試合1億円超」。

昭和から平成時代の前半、つまり1990年代までのプロ野球は、この「巨人中心」のビジネスモデルが支えてきたといってもいい。

セ・リーグが6球団制となった1953年(昭和28年)から2004年まで、セの5球団は、巨人との主催ゲームを年13〜14試合組むことができた。

この収入が、球団経営の屋台骨を支えていた。

しかも、巨人戦の集客は、他のカードよりも増える。巨人戦のチケットは、他球団との対戦時よりも1〜2割高い〝巨人戦価格〟で販売しても、十分にさばけたという。

巨人がいるから、やっていける。

巨人中心、放映権頼みの球団経営という仕組みも、それが「日本のプロ野球」という、雑な、荒っぽいくくりでまとめられ、そういうものだと思われてきたのだ。

球団名をNHKのニュースが連呼してくれる。翌朝のスポーツ紙には、大きな見出しで、球団名が掲載されている。

その宣伝効果は計り知れない。赤字額以上のものがある。

それが、プロ野球という世界での常識でもあった。

しかし、21世紀のビジネス界で、そんな〝曖昧な定義〟は通用しない。

ビジネスとしての新たな展開も、何の利益も生まない投資は「ムダ金」に過ぎない。

コンプライアンスが厳しくなり、資金の使途を透明化することが求められる。

株主からも、球団が出す「赤字の理由」を徹底的に問い質《ただ》される。

それに対し、子会社である球団が親会社からの穴埋めだけを期待する「どんぶり勘定」という〝旧態〟のままでは、もはや現代のビジネス界では通用しないのだ。

自分たちで稼ぐ。稼いで投資して、そのリターンでビジネスを拡大していく。

その当たり前の循環が、野球界にも求められる時代になった。

かつての「興行」から「スポーツビジネス」への転換が必要とされているのだ。

プロ野球球団は、日本で「12」の認められた大企業しか持つことができない。

つまり、その〝希少なコンテンツ〟を生かすことで、独自のビジネスを大きく展開することができるはずなのだ。しかし、球界再編騒動以前のプロ野球界には、その発想が実に乏しかった。いや、全くなかったといっても過言ではないだろう。

プロ野球を「ビジネス」として確立させていく。それが時代の要請でもあり、そうしなければ、プロ野球球団とはいえ、生き残っていけない時代に突入したのだ。

その「転換期」は、2005年（平成17年）だった。

球界再編騒動の末、2リーグ・12球団制は維持されることになった。

オリックスと近鉄は球団合併、ダイエーがソフトバンクに買収され、楽天が新規参入を果たした。一見、再編されたかのように見えてしまうが、その枠組みは結局、何1つ変わってはいなかったのだ。

「ファン＝男性の中・高年齢者層」でいいのか

プロ野球は、オッサンのスポーツ。

そのフレーズが、単に古臭いというイメージを揶揄《やゆ》するものではないことが明確なデータで示されていたのは、2004年（平成16年）の球界再編騒動中のことだったという。

問題視されていたのは「ファン層の中・高年齢化」だった。

球界内でシェアされたデータは、観戦者の7割が男性、さらにそのうちの7割が40代以上。つまり、球場を訪れるおよそ半分は「男性の中・高年齢者層」という驚愕の内容だった。

かつては、その中のさらに熱心な「コア層」と呼ばれるファンだけを相手にしておけばいいといわれたものだった。しかし今や、女性と子供に見向きもされないエンターテインメントが生き残っていけるはずがない。

ここで、西武のファンクラブ会員数のデータを精査してみる。

ここにも「中・高年齢化」という問題がじわじわと、着実に迫っていることを示している。

まずは、年度別会員数を比較してみよう。

【2008年】　8万2122人
【2020年】　11万3555人

12年間で38％増、年平均でも約2400人の増加は、球団側のたゆまぬ努力の成果であるだろう。ところが、男女別に見てみると、意外な分析結果が明らかになる。

２００８年　　　　　２０２０年
【男性】　77％（6万３０００人）　71％（8万人）
【女性】　23％（1万９０００人）　29％（3万３０００人）

女性会員の伸びが顕著ではあるが、２０２０年の時点でもやはり男性会員の比率が7割以上を占めている。

もう1つ、象徴的なデータをピックアップしてみよう。

会員数の比率が最も高い、その「ボリュームゾーン」の推移だ。

【２０１０年】　30代＋40代　42％（3万６０００人）
【２０２０年】　40代＋50代　41％（4万７０００人）

ファンの中心層は、年月の経過とともに、そのまま〝移行〟しているのだ。

今後も、この少子高齢化の社会状況が続いていくことは間違いない。

そうした背景を踏まえ、現状のファンクラブ会員数の伸び方や年齢層から推測すると、近い将来、会員数自体が〝じり貧〟になっていく恐れは大だ。手をこまねいてはいられない、まさに喫緊の課題なのだ。

1万円程度で家族4人が半日遊べる「球場」

メットライフドームの最寄り駅「西武球場前駅」は狭山《さやま》線、山口線の終点でもある。来場者を増やすことは、旅客運輸収入を上げることと半《なか》ばイコールだ。

現在は西武と阪神の2社になってしまったが、かつて阪急、近鉄、南海、西鉄、国鉄など昭和の時代に鉄道7社が球団を持っていたのは、その効果が見込まれたからだ。鉄道という「ハード」を活用して、野球という「コンテンツ」との相乗効果を生む。

しかも西武グループは、ホテル、遊園地、スケート場、スキー場、ゴルフ場、商業施設など、あらゆる施設を保有している。

電車に乗って、ドームに行って、野球を見る。

ホテルに泊まって、翌朝はゴルフに行く。

遊園地で遊んだ後、駅に隣接した商業施設で夕食を取る。

メットライフドームの改修イメージ（提供:西武ライオンズ）

持てる「ハード」と「コンテンツ」の組み合わせは、それこそいくらでも生み出せる。その〝舞台〟の1つとして、西武グループは3年間にわたり、180億円の巨額をつぎこんで、本拠地のあるメットライフドームエリアの大規模改修に乗り出していた。

今回の改修は、2021年（令和3年）春に終了。プロ野球のシーズン開幕に合わせ、リニューアルされたメットライフドームがフル稼働することになる。

西武ライオンズ事業部部長・高木《たかぎ》大成《たいせい》は、1995年（平成7年）にドラフト1位指名を受け、西武に入団。以後、10年間にわたって活躍した元スタープレーヤーだ。

その高木が手掛けている「球団映像」の仕組みについては、第3章で詳述する。

プロ野球という「コンテンツ」の価値を高め、ビジネス展開していく。

時代に則した、その「コンテンツ・ビジネス」の責任者でもある髙木は、改修されたメットライフドームエリアという〝新たな装置〟が生み出す相乗効果への期待を膨らませている。

「通常なら、試合開始の2時間前に開門なんですけど、その前から食事が取れたり、子供を遊ばせたりできる環境が整いました。プロ野球って、昔はプレーボールから試合終了まで が試合観戦でしたけど、今は試合開始2時間前の開門の、それよりも前から来て、家族で遊んで、試合終了後1時間くらいはイベントがあって、だいたい、6時間から半日くらい遊べる場所になりました。テーマパークみたいな感じですね。

レジャー施設と考えたら、1枚のチケットを考えれば、一般的なテーマパークより全然安いですからね。そういった感覚で来てもらえるような場所を提供していく。そういうことがやっと、2021年に完成するわけです」

2021年のメットライフドームでの公式戦入場料金は、曜日や対戦相手によって「スーパープレミアム試合」「プレミアム試合」「スタンダード試合」「バリュー試合」と、その価格が4段階に分かれている。

最も安い「バリュー試合」なら、ファンクラブ会員の大人2人・子供2人でライオンズ内野指定席SS（三塁側＝西武のベンチ側）の前売り券を購入した場合、大人1枚4200

円、子供１枚３０００円だから、計１万４４００円。

逆に最も高い「スーパープレミアム試合」でも、ライオンズ外野指定席Ｃ（レフト側）の場合、ファンクラブ会員なら前売り券が大人２６００円、子供３００円だから、大人２人・子供２人の家族連れで来ても、入場料は計５８００円で収まる。

一方、東京ディズニーランドなら、大人の一日入場券「１デーパスポート」が８２００円。４歳から11歳の小人は４９００円、中学・高校生の中人は６９００円。

つまり、家族４人だと、入場料だけで２万円から３万円ほどになる。

それでも、非日常の世界での体験を求めて、多くの若者たちが、そして家族連れが、こぞって東京ディズニーランドへ足を運ぶ。

そこには「わくわく」があり「どきどき」を感じる瞬間がある。

そうした〝非日常の体験〟を、いかにして提供できるのか。

メットライフドームの場合、まずは「野球」というコンテンツを充実させるのが大前提になる。贔屓《ひいき》のチームが勝つ喜び。魅力ある選手が、プロならではのプレーを披露してくれることが、ファンのカタルシスを生む。

これに加えて、野球以外の部分で、つまりドームにいる間の「すべての時間」で楽しんでもらえなければならない。ドームをはじめ、野球を取り巻く〝周辺の施設〟を存分に活用してもらえるような仕組みが必要になってくる。

「リアルの価値」を提供できるか

ドーム改修の検討に入ったのは2014年（平成26年）頃からだった。日米の本拠地球場を視察するなど、およそ3年にわたって研究を重ねたという。

最大のテーマは、明確だった。

試合に勝って、ファンに喜んでもらうのは当然。さらに、チームの成績だけにはこだわらない、それ以上の「楽しみ」を提供できるスタジアムを創る――。

野球を見るのにちょっと飽きた子供たちが、遊べる場所がある。グルメを楽しみながら、どこにいても、臨場感たっぷりの中継映像が見られる。ホームランを打ったとき、ビジョンに流れる演出映像が、目の前のモニターに出てくる。あらゆる場所に、エンターテインメント性、非日常感を演出し、常に楽しませることができなければ、ファンにもう一度、ドームに来ようと思わせることはできないのだ。

ファンを増やす。それは、球場へ通うリピーターを増やすというのと同義語でもある。

同じ「人を集めたイベント」という観点から考えれば、野球という「コンテンツ」の魅力を上げるのはもちろんのこと、メットライフドームという「ハード」の魅力も上げ、ドーム自体を楽しめなければならない。

野球さえ強ければファンが来る。それは、ひと昔前の「プロ野球興行」の発想だ。

「魅力あるコンテンツでないといけないですからね。ボールパークという形で今後はやっていきますし、野球をしっかりとお見せするというのが大前提なんですけど、それにプラス、やはり球場の雰囲気、価値、リアルの価値ですね。コンサートの映像を見たら、やっぱり、実際に行きたくなるじゃないですか？」

高木の語るコンセプトは、「野球」からの視線では、決して生まれてこないものだろう。

高木の話を聞かせてもらった後、その〝新たなる〟メットライフドームを案内してもらえることになった。

広報部の飯山優果《いいやまゆか》は、桜美林《おうびりん》大学の元野球部マネジャー。卒業後、一度は大手航空会社に就職したが「どうしても野球の世界で仕事がしたいと思って」と安定した会社員の地位を捨て、野球界へと飛び込んできた。

スポーツビジネスの世界は「ドリーム・ジョブ」と呼ばれる。

その〝非日常〟へいざなう舞台ともいえる本拠地・メットライフドーム。

飯山の案内で見て回った、その〝新たなる舞台〟は、集客のための磁力に満ちた工夫と仕掛けが、あちらこちらにちりばめられていた。

駅に降りた瞬間から「ライオンズ」

2020年（令和2年）のシーズン終了後、メットライフドームのセンター後方、Lビジョンの裏側にあたる「入場ゲート」が解体された。

かつてはレフト側、ライト側へと至る鉄製のゲートが「2門」設置されていた。

開業以来の42年間、ファンはそれぞれの席に近い方のゲートで入場券を見せ、球場へと入っていった。

このレイアウトが、実はファン目線に立つと大きな問題だった。

メットライフドームはかつて、レフト側と三塁側上部に、食堂や売店が集中していた。

すると、ライト側スタンドに座ったファンは、一度球場の外へ出て、三塁側のゲートから再入場する必要があった。

この長年の懸念を、ゲート撤去で解消する。

まず、入場ゲートを1門にし、さらに従来のゲートから100メートルほど下げ、レフトとライトの外野席後方の通路を、一本につなぐことにした。

そうすると、球場内を回遊できるようになる。

「入場ゲート」の解体撤去作業(提供:西武ライオンズ)

西武球場前駅の改札を出て、数十メートルのところに入場ゲートができる。
だから電車を降りた途端、球場の入り口が待ち構えているような形になる。
右手には、西武球団のオフィス棟がそびえたっている。左の前足を上げたライオンが、口を開けて吠えているオブジェがこちらを睨《にら》んでいる。
左手に見える大型グッズショップ「フラッグス」は、2階の窓に透過性のある特殊LEDガラスを装備しており、場内のビジョンと連動。西武の選手がホームランを打ったときの映像演出も映し出される仕組みになっている。

駅を降りた瞬間から、ライオンズ一色に、目の前が染められているのだ。

入場ゲートをくぐると、右手がレフト・三塁側、左手がライト・一塁側になる。

左手すぐ、ライト側スタンド後方の一角に、クラフトビールなどを販売するテイクアウト専門店がある。

「ＣＲＡＦＴ　ＢＥＥＲＳ　ＯＦ　ＴＲＡＩＮ　ＰＡＲＫ」

８種類のクラフトビールが楽しめる店舗の横に、電車が１両停まっている。

「ライオンズならでは、ですよね」と飯山。

その「トレイン広場」に置かれている車両は、西武鉄道１０１系。

１９８０年（昭和55年）10月から40年間にわたって走り続け、２０２０年11月に現役を引退。その〝第２の車両生活〟を、メットライフドームで過ごすことになった。

クラフトビール販売店に併設された西武鉄道の車両（提供:西武ライオンズ）

長さ20メートル、横幅2・881メートルの線路には枕木と砂利が敷かれ、本物のテイストに溢れている。

野球に飽きた子供たちがここで楽しむ間に、父親がビールを飲んで一息つく。通路を挟んだ外野席の柵の裏にステンレス製のカウンターが設置されているのは、立ち見の際に飲み物を置けるスペースになっており、集客が多いと予測されるときは、その席も区分けして販売する仕組みになっているという。

かゆい所に手が届くというか、まさしく一石二鳥というべきだろう。

28種類もの座席

スタンドを見渡すと、緑を基調としたグラデーションになっている。

地元の名産「狭山茶」をイメージした「明るい緑」。

武蔵野に残る里山の雑木林をイメージした「中間色の緑」。

ボールパークを想起させる「深緑」。

その3色は「埼玉」という地域性を強調したメッセージが込められている。

座ってみて、驚いた。

バックネット裏の座席

球場の観客席といえば、硬い、狭い、細い、隣とぎゅうぎゅうのイメージだ。

しかし、その居心地の悪さでは、３時間の試合を見てもらえない。

内野の約１万６５００席には、80ミリのクッションが付いているのだ。

しかも、グレードが上がっていくにつれ、席の機能が上がっていく。

バックネット裏の座席は黒で統一。そのうち１０３０席は、フランスのキネット・ギャレイ社製のシートを採用。パリのオペラ座をはじめ、世界中の劇場で愛用されている本格的なシートだ。

ひじ掛け付きの、もはや高級ソファだ。座ると、まさしく「ふかふか」という表現がぴったりだ。サイドテーブルには、スマートフォンの充電も可能なＵＳＢポートが付いている。

開場以来、芝生席だった外野席も、クッション付きの座席に替わった。

野球好きのファン向けには、ブルペン脇の「ブルペンかぶりつきシート」。さらにはベンチの真上で、選手の息遣いまで聞こえそうな「ダグアウトトップシート」。ビジネスでの接待も可能な「アメリカン・エキスプレス プレミアムＴＭラウンジ」はネット裏の好ロケーションで、ネット越しに見える選手の立つフィールドとは同目線の〝砂かぶり席〟になる「アメリカン・エキスプレス プレミアムエキサイトＴＭシート」２０３席に、食事やお酒が楽しめるエリアも用意されている。

改修前は14種類のカテゴリーだった座席を28種類にまで増やし、あらゆるニーズやファンの嗜好《しこう》に対応できるようにしている。

もはや、至れり尽くせりだ。

ピザ窯からキッズルームまで

三塁側上段付近に、１台のミニバンが停まっていた。

飯山が笑いながら「ちょっと、見てみませんか？」。

車の窓からのぞいてみると、設置されていた窯《かま》で「ピザ」を焼いていた。

L's CRAFT（エルズクラフト）では、本格的な焼き立てのピザを、その場で堪能できる

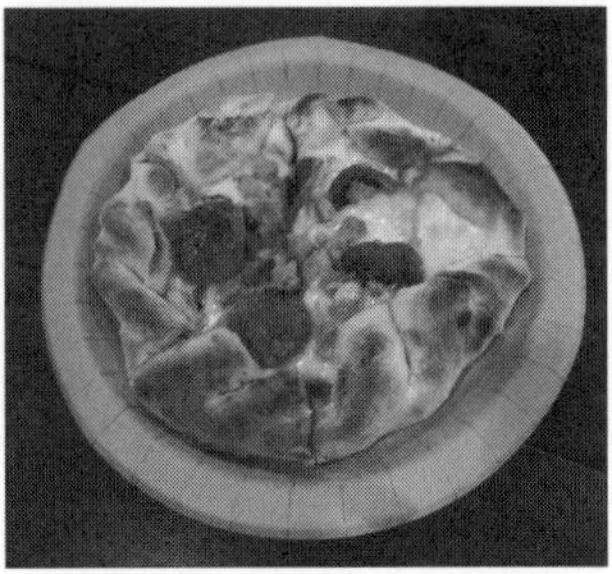

L's CRAFT（エルズクラフト）では、本格的な「コロラドピザ」を提供している

とあって、西武の外国人選手から、たまに、こっそりと注文が入ることもあるという。

高いのに、美味しくない。お酒のつまみのようなものばかり。せいぜいカレーか、ラーメンか。そんな貧弱なグルメ事情では、お客さんを堪能させることなどできない。

グルメの充実は「まずかろう、高かろう」のかつての球場メシのイメージを完全に払拭《ふっしょく》させるものだ。ドーム内には約70店舗・１０００種類以上、12球団でも最大級のメニュー数が揃っている。

レフト席後方にある「獅子ビル」には、２３０席のレストランとカフェ。その同じビルの中に「テイキョウキッズルーム」がある。ビルの外に出れば、１０００平方メートルの広さがある「テイキョウキッズフィールド」も設置されている。２つの施設には、学校法人帝京大学との施設命名権スポンサー契約が締結されている。

高さ５・５メートルのローラースライダーからは、滑りながらドームを一望できる。

ビルの前に大型の「ＤＡＺＮビジョン」が設置されており、子供を遊ばせている間、付き添いのお父さんもお母さんも階段状のステップに座り、臨場感たっぷりの試合中継を見ることができる。

3時間近くも子供たちは座っていられないだろう。お腹もすくだろう。

じゃあ、試合途中でもう、帰ろうか。そうならなくてもいい仕掛けになっている。

球場中をぐるぐると歩き回れば、キッズルームがあり、電車の車両があり、もちろん野球はやっている。美味しいグルメの食べ歩きもできる。

球場そばの「獅子ビル」に設置されている「テイキョウキッズルーム」

隣接するライオンズ トレーニングセンター（室内練習場）には「ファンデッキ」が設けられ、選手の練習風景を見学することができる。その脇の緩やかな坂を上った先には、主にファームの選手たちがプレーするCAR3219フィールド（旧西武第2球場）があり、今回の改修に伴って、スタンドも併設された。

だから、昼はファーム、夜はナイターという〝親子観戦〟も存分に楽しめる。

ドーム周辺には、スキー場やテニスコートもある（西武グループのレジャー関連事業)。

まさしく一日中、誰もが、その目的や嗜好に応じて、存分に楽しめる場所なのだ。

球団なんだから、野球だけやっていればいい。

余計なことをやって、赤字が増えたりしたら、どうするんだ。

親会社頼みの「どんぶり勘定」が抜けない旧来の「プロ野球」という囲いの中から見れば、そうした非難が生まれてしまう。

大人も子供も、若いカップルも、家族連れも、もちろん野球ファンも、誰もが楽しめる。

開門前から試合前、試合中、そして試合後と、半日はたっぷりと楽しめて、遊べる。

そのために、野球という「コンテンツ」を充実させていく。

こうしたコンセプトで読み解いていけば、令和の新時代に入り、各球団が取り組もうとしている「新たな経営戦略」の理由が、明確に見えてくる。

プロ野球を見れば、「コンテンツ・ビジネス」が分かる

さて、本書のテーマをおおまかにイメージしていただいたところで、次章以降の内容に

ついて、ここで簡単に触れておきたいと思う。

第1章では、ソフトバンクの〝ラスベガス化〟のコンセプトを探っていく。

コロナ禍の2020年（令和2年）7月、本拠地・福岡PayPay《ペイペイ》ドーム横に演劇、ゲーム、グルメなど、各種のエンターテインメントを集結させた「BOSS《ボス》 E・ZO《イーゾ》 FUKUOKA」と名付けた7階建てのビルがオープンした。

建てたのは、福岡ソフトバンクホークスという「球団」だった。

一見すれば、野球とは全く関係のない事業を集めたビルを、本拠地の横に建てる。

野球以外のことに、なぜそれだけの投資をするんだろうか？

一連の取材に対応してくれたのは、ソフトバンク代表取締役専務COO兼事業統括本部長の太田宏昭《おおたひろあき》だった。その中で太田は、西武球団の手掛けたメットライフドームエリアの大規模改修が、ソフトバンクと〝同じ志〟であることを強調した。

「私たちは、西武さんと近いかもしれません。球団も球場も全部持っていて、球団を持って興行する。野球の事業とドームを持って、ドームを使った事業というのがあるわけです。ドームを使った事業という風に考えると、球団も1つのコンテンツなんです。西武さんも埼玉西武ライオンズという球団だけで見たら、球団経営かもしれません。でも、西武グループで見たときには、ドームの周りに西武園ゆうえんちがあり、プリンスホテルもあり、ゴルフ場もあるんですよね。沿線の周りの住宅地まですべて開発している。ウチなんかより、よっぽどすごいじゃないですか。そういう視点で言ったら、もう少し広義に見たときには、街づくりだとか、地域貢献だとか、そういうのを含めて、ビジネスとしてどう成功できるのかということと、密接に絡んでくることだと思うんですね」

「球団」だから「野球」という、その一義的な〝等式〟では、ソフトバンクの未来像も西武の狙いも、全く見えてこない。

第1章は、その「新たなる経営戦略」の〝解説〟でもある。

第2章では、2023年（令和5年）の開業を目指し、新広島市に新球場を建設中の北海道日本ハムが、なぜその決断に至ったかについての背景と球団の未来図を追っていく。

自己保有ではない「札幌ドーム」における使用時の制約で、スタジアム・ビジネスが思ったように展開できないジレンマは、新球場建設の決断に至る重要なファクターでもあった。

しかし、それは〝単なる一因〟に過ぎない。

日本ハムが挑んでいるのは、球場を核とした〝新たな街〟の創造だ。

球場だけでなく、その周辺を含めた大規模なエリア開発に挑んでいる。従来の「球団」という枠組みでは決して捉え切れない、壮大なプランでもある。

第3章では「球団映像」の仕組みについて言及していく。

プロ野球中継の映像を球団が制作して、各テレビ局に「売る」時代になっている。野球という「コンテンツ」を、球団自身が管理、掌握することの重要性を見ていく。西武でこの事業に携わる責任者は、かつてのスタープレーヤーだった髙木大成だ。そこには「選手の目線」と「ビジネスマンの立場」がブレンドされた〝相乗効果〟も見て取れる。

第4章では、ソフトバンク、ロッテ、オリックスの各球団広報のSNS発信に見る〝視点の違い〟を分析していく。

何を撮り、何を見せ、どう伝えていくのか。

より多くの野球ファンへ情報をリーチさせるために、どこへ着目するのか。

発信する球団スタッフのバックグラウンドや立ち位置による〝違い〟が、ひいては球団の特色にもつながっていることを、３球団の広報の比較によって浮き彫りにしてみたい。

第５章はオリックスの「ファン拡大戦略」の奮闘ぶりをリポートする。

２軍の主催ゲームを大阪近郊で開催し、ファンとの触れ合いを増やしていくことで、本拠地・京セラドーム大阪の集客力を高めていこうという「地域密着戦略」を追っていく。

また「Ｂｓ《ビーズ》Ｇｉｒｌｓ」は、応援するチアリーダーというスタイルではなく、ダンス＆ヴォーカルユニットと位置づけている。

そうしたユニークな取り組みが、また新たなファン層を呼び込む効果を生み始めている。

球団社長の湊通夫《みなとみちお》は、それを「蕎麦屋のワサビ」と表現した。

野球以外の部分の魅力を高めることも、蕎麦屋の蕎麦にあたる「メーン料理」である「野球」の魅力を上げることにもつながることを、同時に解明していきたい。

第６章では、中日のグッズ開発とキャンプ中の販売実績を追っていく。

２０１８年（平成30年）に、松坂大輔《まつざかだいすけ》（現埼玉西武ライオンズ）が移籍。

これをビジネスチャンスと捉えた元プロ野球選手の営業担当・北野勝則《きたのかつのり》が、２月のキャンプ1カ月間で、球団グッズ売上1億超という球団史上初の快挙につなげていく。

スタープレーヤーは、球団にとって〝カネを生む目玉商品〟でもある。

この貴重な存在を、いかにして生かしたのか。その奮闘と緻密な販売戦略をたどっていく。

最後は、2011年（平成23年）の東日本大震災を体験した選手らが今、コロナ禍という未曽有《みぞう》の状況をどう見ているのか。その教訓を引き出していく。

大震災が発生した当時は、人と人との「絆」が強調された。

苦境の被災地に、手を差し伸べる。被災者を決して孤立させない。その優しさと一体感の醸成が強調され、日本中でその意義が唱えられた。

なのに、育まれた「絆」は、新型コロナウイルスという〝見えない敵〟に断ち切られようとしている。

感染防止の観点から、球場には来ないでほしい。

ファンとの距離が近くなるため、サインを求められても書くことができず、握手もできない。

ファンサービスという触れ合いの機会は、完全に遮断された。

「つながり」ではなく「距離を取る」。

それはまさしく、あのときとは真逆の状況でもある。

これらの各章に通貫しているテーマを、まずここに記しておきたい。

プロ野球の球団経営とは「コンテンツ・ビジネス」である――。

*

本を手にしていただいた読者の方々へ、まずは感謝を申し上げます。筆者としては、この〝前提〟を踏まえた上で、次章以降を読み進めていただけたらと、切にお願いする次第です。

なお、文中では初出の際に肩書、職位などを記した後は、字数などの関係もあり、敬称略とさせていただきました。また、カッコ内の「現」は、2021年1月末現在の肩書、職位です。

第1章

博多から「世界一のおもてなし」を

世界的エンタメ企業を目指すソフトバンク

PayPayドームと、隣接する「BOSS E･ZO FUKUOKA」

究極の「ごった煮」

シルバーの外壁からは、ランダムに出窓がせり出している。

その内部をスライダーが滑っていくというグレーのチューブは、まるで大蛇がビルに巻きついているかのようだ。

屋上からは時折、「ウォーッ」「キャーッ」と大きな悲鳴も聞こえてくる。

ビルの中央部分、ちょうど3階部分が外周路に接しているため、遠目から見ると、切り立つ斜面に、下層部分がぐいっと食い込んでいるかのようにも映る。

その外観から、一体何のビルなのかを連想するのが、ちょっと難しい感すらある。

コロナ禍で、２０２０年（令和2年）のプロ野球は約3カ月遅れの6月19日に開幕した。異例の無観客でスタートしたペナントレースは、7月10日から上限５０００人での観客受け入れが始まっていた。

歓声と活気が、スタジアムに少しずつ戻りつつある頃だった。

福岡ソフトバンクホークスの本拠地・ＰａｙＰａｙドームのすぐ横に「ＢＯＳＳ　Ｅ・ＺＯ　ＦＵＫＵＯＫＡ」が開業したのは、予定より約2カ月半遅れの7月21日。

7階建てのビルには、各種のアミューズメントが一堂に詰め込まれている。

最上階のアミューズメント施設は、遊び心たっぷりに「絶景3兄弟」と名付けられた。「のぼZO」は「クライミング&ボルダリング」。

「つりZO」は「レールコースター」。地上約60メートルのE・ZO最高地点から、1人乗りのコースターにぶら下がると、博多湾やドームの屋根の眺望を楽しむことができる。

空からの絶景を楽しみながら滑降していくという、いわば絶叫マシンだ。

「すべZO」は、地上40メートルの地点から、ビルの壁面に這うように設置されたチューブの中を通って、1階へと降りていくスライダーになっている。

1階には、地元福岡を拠点に活動するアイドルグループ「HKT48」の専用劇場。

3階には「The FOODHALL」。出店してい

「BOSS E・ZO FUKUOKA」。アトラクション「絶景3兄弟」がビルを巻き込むようなデザイン

る8つのテナントのうち、日本初出店が3店、全国初出店が3店、九州初出店が2店。博多グルメに限定せず、日本から、そして世界から、選りすぐりの名店が集結している。

そのフードホールのエリアに併設して、3階エリアのほぼ3分の1を占めるのが「MLB café FUKUOKA」。メジャーリーグの中継放送を見ながら食事をして、MLBのオーセンティック・グッズを購入することもできる。

4階には、これまでPayPayドーム内に併設されていた「王貞治《おうさだはる》ベースボールミュージアム」が移転してきた。

世界記録の「868本塁打」を放ったレジェンドで、ソフトバンクの球団会長を務める王の生い立ち、偉業、そしてホークスの監督としての歩みを知ることができる。

いわば野球博物館であり、ホークスの歴史が詰め込まれたスペースだ。

このミュージアム内には、スタジオも設置されている。

窓越しにはドームの外観と、外周路を歩きながら、思い思いの時間を過ごすファンの姿が見える。試合前後には、そのスタジオからホークスに特化した番組も発信している。

5階は「チームラボフォレスト」。

プログラマー、エンジニア、数学者、建築家、デザイナー、アニメーター、絵師ら、多ジャンルのスペシャリストたちから構成されている「ウルトラテクノロジスト集団」が、最新技術を活用して「デジタルコンテンツ」を創り出す。

その「チームラボ」の常設デジタルミュージアムが、ビルのワンフロアを占めている。

7階には「よしもと福岡」の劇場がある。

直下の6階にまたがって、きらびやかな光を発しているのは「V-World AREA」。ゲームなど、様々なバーチャルコンテンツを20種・38セット楽しむことができ、e-Sports《イースポーツ》の対戦も行える。

このように、各フロアの特色を見ていくと、お分かりになっただろう。

究極の「ごった煮」だ。しかも、野球がメーンではない。

その一大アミューズメントビルを「福岡ソフトバンクホークス」が建てたのだ。

事業部門のスペシャリスト

総工費は120億円。年間300億円の売上は12球団でも1、2を争うという力を持つソフトバンクとはいえ、球団の年間売上額からすれば、その投資額は決して小さくはない。

野球の球団が、どうして、野球とは全く関係のない分野へ巨額投資を行うのか。

プロ野球の球団が、球場の横に、野球以外のアミューズメントを集結させたビルを建てる理由は、一体何なのだろうか。
『なぜ』という疑問が、取材を始めるきっかけになる。
私がソフトバンク球団と出版社に提出した「企画書」の一部を、まずは抜粋してみる。

球団は「プロ野球チームから、総合エンターテインメント企業へ」というキーワードを挙げている。今後を見据えたファン層の拡大という観点から、20～30歳代の若者層、さらには中国、韓国からの観光客が多い博多の特色から、インバウンド層も取り込んでいきたいと考えているという。そこで、このエンタメビルを集客装置として「ついでに野球〝も〟見てもらう」と、エンタメビルへの訪問を機に、野球観戦にも引き込むきっかけとし、野球ファンの「コア層」だけではなく「ライト層」もターゲットにした上で、ここから新規ファン層の開拓につなげていきたいという経営戦略の1つでもある。

野球を「核」として、各種のエンターテインメントをエリアに集中させ、広い客層を集めていく。こうした一連のエリア開発、新規ファン層開拓の狙いに関して、球団幹部のインタビューなどを通して明らかにしていき、新時代のファンサービスについても言及していく。

野球場へ、いかにして「人」を引き込むのか。

少子高齢化の時代。いかにして、新たなファン層を開拓していくのか。

そのために、異業種を集めたビルをドームの横に建てた。それは、野球以外のファンをドームに引き込むための「集客装置」に違いない。

その『仮説』が、あまりにも狭い視野であったことに、取材の真っ只中で気づかされることになろうとは、思いもしないことだった。

取材を通して得た情報は、新たな発見でもある。

これまで見えなかった事実や世界を知ることは、新鮮な喜びにもつながる。とはいえ、事前に準備していた質問も、確認しようと思っていた事項も、取材が始まった途端に、何もかもが吹っ飛んでしまうことになった。

2020年（令和2年）2月1日付の「福岡ソフトバンクホークス株式会社」組織図に

よると、球団は「社長室」「広報室」「内部監査室」「球団統括本部」「事業統括本部」「ブランド推進本部」「IT本部」「財務本部」「総務人事本部」に分かれている。

そのうち「球団統括本部」は、チームの運営、補強、新人のスカウティング、外国人獲得、他球団選手の調査といった「野球の現場」に関わる分野を統括している。

それに対して「事業統括本部」が〝野球以外〟を管轄すると考えればいいだろう。

代表取締役専務COO兼事業統括本部長、太田宏昭

代表取締役専務COO兼事業統括本部長・太田宏昭は、この「事業統括本部長」の重責を、2014年（平成26年）2月から務めている。
その〝事業部門のスペシャリスト〟は、事前の取材申請書を一読したときに、こちらの認識の甘さを即座に見抜いていたに違いない。こんな単純な理論武装で攻め込んでくるつもりになっていた私に対し、内心では恐らく、苦笑を禁じえなかったはずだ。
それでも太田は、嫌な顔ひとつせず、実に懇切丁寧に説明してくれた。
恐縮するほどの気遣いは、球団の「真意」を伝えるために、そして、野球という立ち位置に、半ば凝り固まっていた私の視線を、やんわりと、軌道修正してくれるものだった。

「他の球団の方ともこの話をしたんですが、皆さん、本当に驚かれていました。なぜ、球団があんなビルを建てたのか、なんですけど?」

「そう言われれば、ホント、そうですよ」

あいさつ代わりのやりとりの中で太田は軽くうなずくと、早速、剛速球を投げ込んできた。

「要は、新しいビジネスの展開を図るための1つの手段です。単純にそれなんです。(他の)球団の方と話されてきて、球団の方々が疑問に思うという点はその通りです。なぜかというと、僕らは『球団』じゃないんです。福岡ソフトバンクホークスという、民間の営利を追求する会社として存在しているわけで、球団ありきの会社ではないと思っているんです。もちろん、球団が一番のコンテンツですし、一番大切な資産なんですけど、あくまで野球場に人を呼ぶために、あの『E・ZO』を造ったわけでは全くないです。結果として相乗効果が生まれて、多くの人がこの地にいっぱい来ていただくのを望んでいるのは、間違いないですけど」

私の『仮説』は、取材開始のプレーボールの瞬間、打ち砕かれてしまった。

「野球」という立ち位置から『BOSS　E・ZO　FUKUOKA』というアミューズメントを集結させたビルを見れば、全くもって「野球」と関係なく映る。

その認識を、取っ払って考えてみてください――。

太田は、最初に〝思考の補助線〟を引いてくれたのだった。

その「気づき」を、これからお伝えしていきたい。

「すごい『コンテンツ』に見合うビジネスをしなきゃダメ」

「ドームを使った事業、という風に考えると、球団も1つのコンテンツなんですよね」

これが終始一貫、徹頭徹尾、太田の説明に貫かれている1つの「パワーワード」だ。

「いろいろな形で、ドームを使っていただいている。コンサートで、多くの有名なアーティストに来ていただいて、ファンの方がドームで熱狂する。これもエンターテインメントだし、就職のイベントで使っていただくこともあるし、もちろん野球もある。その目線からしたら、福岡のこの地で、人が福岡に来たら、ＰａｙＰａｙドームのあるところに行ってみようと、そう思ってもらえるようなことになっていくことが、僕らの事業の根幹かなと思うんです。

エンターテインメント集合体としての、集客するためのパーツというか、手段じゃないですか？　それが野球であり、コンサートであり『E・ZO』であるわけです」

ドームという〝箱〟に、最もふさわしいイベントは、間違いなく「野球」だろう。

球団は、福岡ＰａｙＰａｙドームを自己保有している。

ただ、野球が行われるのは、ペナントレースでの主催が年70試合程度。春のオープン戦、日本シリーズなどポストシーズンでの戦いを加えても、365日という年間のスケジュールからみれば、野球でドームが稼働しているのは、その4分の1程度に過ぎない。

残る期間は、250日程度ある。この間、いかに持てる「財」を活用していくのか。

ドームを稼働させ、収益を上げていくための方法と手段は数々浮かんでくるだろう。

アーティストのコンサートを開催する。

世界のメーカーを集めての見本市を行う。

就職活動期に、各社のブースを設置して、セミナーを開催する。

野球より、そうした各種のイベントの位置づけが下ということは決してない。

むしろ、それぞれのイベントを1つのクライアントと考えれば、野球の試合も、アーティストのコンサートも、ビジネスの見本市も、それぞれがドームを使用する「興行主」にあたることになる。

多方面で、ドームを生かした「スタジアム・ビジネス」を展開していく。

そのために不可欠な「コンテンツ」という意味では、野球でも、コンサートでも、見本市でも、全く同じコンセプトになるのだ。

球団＝野球。

その図式だけにあてはめて考えてしまうと、どうしても、ドームで行う野球以外の「コンテンツ」は、球団の範疇《はんちゅう》外の余分なもののように映ってしまう。

他のことなんか、やっている場合か？　野球が優先じゃないのか？

野球記者としての習性なのだろうか。〝専門バカ〟とでも言えるのかもしれない。

どうしても、野球を座標軸の中心に据えて考えてしまう自分がいる。

だから、今回の取材に際しても、まず「野球」に人を呼ぶために、他の分野にも手を広げていくのではという、単純な『仮説』から入ってしまったのだ。

「野球を愛してやまない人たちから見ると、邪魔なんじゃないかと。それ、すごく分かりますよ。僕らも、野球をないがしろにしているわけじゃないんです。ホントに野球をリスペクトしていますよ。じゃなきゃ、ここまでやらないですよ。それと同じ柱、それだけすごい野球という『コンテンツ』に見合うだけのビジネスをしなきゃダメだなと思うんです。両輪ですからね。チームの強さと、ビジネスの強さというのは」

太田の説明が、腑《ふ》に落ちた。

野球の球団だからという〝凝り固まった視線〟を、まずは切り替えてみる。

「コンテンツ・ビジネス」の一分野として、野球を捉えてみるのだ。

この〝命題〟をベースに据えて考えれば、福岡ソフトバンクホークスが、野球というまさにメーンの興行を行う舞台である「福岡ＰａｙＰａｙドーム」のすぐ横に、エンターテインメントのすべて、しかも野球とはつながりの薄い、いや、むしろ全くないといってもいいジャンルをごっそり集結させた〝総合ビル〟を建てた狙いが、はっきりと見えてくる。

集客のジレンマ

ソフトバンクは、前身のダイエーから球団を買収、２００５年（平成17年）に球界へ参入して以来、順調に観客動員を伸ばしてきた。

２００６年（平成18年）の２０３万７５５６人を底として、以後も２０１９年（令和元年）まで「２００万人」の大台を割ったことはない。

2019年は265万6182人。

パの他5球団で、観客動員の実数発表が始まった2005年以降、この200万人の大台を突破したことがあるのは、2016、17年（平成28、29年）の北海道日本ハムしかない。

強さも、人気も、まさしくパ・リーグの雄だ。

それでも、野球への集客には〝アッパーゾーン〟が見えかけている。

本拠地・福岡PayPayドームは、1993年（平成5年）4月2日にオープンした。建設当時、野球開催時の収容人数は3万5157人。

毎年のように改装を重ね、2015年（平成27年）には、外野フェンスの前に「フィールドシート」を設け、外野フェンスを前にせり出させることでスペースを生み、そこへ観客席を造った。

2018年（平成30年）のシーズンオフには、ドームの大規模リニューアルに着手。後述するが、外野スタンドに接する形で位置していた「王貞治ベースボールミュージアム」を「E・ZO」内に移転させ、その空いたスペースを外野席に改装した。

これで収容人数は4万178人と、建設当時よりも、5000人以上増やしている。

それでもこの年、ドームでの主催64試合での観客動員は243万7150人。動員率にすると「94・8％」の超高率でもある。

グラウンドを狭くしてでも、客席を増やしたい。球団側が収益を上げるために必要な戦略の1つでもあるだろう。しかし、現場からは改修のたびに、こんな声も出てくる。

「狭くなったら、ピッチャーはたまらん」

ホームランが出やすい。ファウルになりやすい。そんなデメリットもある。

客席を増やして、収益を少しでも上げたい。しかし、肝心の野球に影響が出るようなら本末転倒だろう。

ならば、1席あたりの単価を上げる手もある。

例えばメジャーでは、ネット裏にラウンジを作り、飲食やお酒も提供し、ゆったりとしたソファで試合を楽しめるような「クラブシート」を設けている。

会社の接待やパーティーには、うってつけだ。ニューヨーク・ヤンキースでは、最も高額の「クラブシート」が1試合1500ドル（約16万円）の価格設定がされているという。

こうした〝付加価値席〟は、球団の入場料収入を大きく押し上げる効果がある。

しかし、そうした富裕層やビジネス層向けのスペースを増やすことで、子供たちや家族連れが気軽に楽しめる、娯楽としての価格帯でもある一般の観客席のスペースが縮小されてしまう可能性も出てくる。その匙《さじ》加減は、何とも難しいところだろう。

いずれにしても、ドームという〝箱〟の限界値は見えてきている。

ファンの〝パイ〟は小さくなっていく

さらに、日本社会の趨勢《すうせい》ともいえる「少子高齢化」の波が、プロ野球の観客動員に関しても、徐々に影響を及ぼし始めていくだろうと推察できるデータが出ている。

ソフトバンクのファンクラブには、有料会員の「クラブホークス」と無料会員の「タカポイント」の2種類がある。受けられるサービスの差異によって、会員の種類が分かれているのだが、ここでは両方のトータルを「会員数」として扱っている。

２０２０年（令和2年）９月30日現在の会員数総計は41万１９２１人。

注目すべき点は、その「年齢層」にある。

年齢層	会員数	割合
10代未満	６７２５人	１・６％
10代	３万５２２９人	８・５％

20代	7万1066人	17・3%
30代	7万3417人	17・8%
40代	9万4681人	23・0%
50代	7万7767人	18・9%
60代以上	5万3036人	12・9%

ファン層のボリュームゾーンは「40代」。さらに「40代」「50代」「60代以上」を合わせると「54・8%」となり、中高年の会員が半数以上を占めているのだ。

序章で詳述した西武のファンクラブ会員数でも、最大のボリュームゾーンは「40代＋50代」で、しかも２０１０年（平成22年）の「30代＋40代」のボリュームゾーンが、10年後にそのまま〝10年プラス〟でシフトしたとみられるデータを紹介した。

ファンの年齢層が比較的高いという事実をただ悲観的に捉え、プロ野球の未来は暗いという、安易な結論を導き出そうとしているのでないことを強調しておきたい。

それでも、この先の10年、20年と「少子高齢化」の流れが間違いなく進行していく日本社会において、ファン層のさらなる拡大は、そもそも簡単ではない上に、この〝高齢化のデータ〟から推察されるのは、その〝パイ自体〟が小さくなっていくという危惧だ。

この「年齢構成」のままならば、ファン数は「じり貧」になる可能性は大なのだ。


「下火になってからでは、間に合わない」


こうした現状を冷静に分析した上で、最悪のシナリオを想定した〝危機管理〟は、経営者としての重要なミッションでもある。

この先、果たして野球だけで「福岡ソフトバンクホークス」は生きていけるのか――。

太田が、自らに対して鳴らすその〝警鐘〟は、決して「ない話」ではないのだ。

「12球団で、毎年同じことをやっていて、ホークスが毎年勝つ。そんな野球が楽しいのかと、どこかでなるかもしれないじゃないですか？　ホークスファンは楽しいですよ、たぶん。今はね。でもそれをずっと続けていたら、日本プロ野球という全体からすると下がる可能性はあるんですよね。これだけでホントに、20年、30年って残っていけるのか。生きていけるのか。はたまたお客さんから、ファンから支持していただけるのか。

もちろん、野球というものを発展させなければならないし、変化しなければならないし、興行としての発展形は、もっとあると思っています。エンターテインメント事業をやる中の、今は唯一に近い主要なパーツです。いや、パーツといえば、野球に失礼ですね。重要な事業体なんですけど、それは別の形で伸ばしていかないといけないし、それが下火になっちゃってからでは、何かしようと言ったって、間に合わないわけですよ。その手前で、いろんな布石を打っていくということをしているのが、今の状況なんです。

野球事業が、そのまま伸びるのかなという疑問というか、危機感というか。それがまず1つですよね。それ以外に、何か伸びるものはないのか。あと、自分たちが持っている資産の有効活用がいろいろできないかなと。経営ですからね。野球事業をどうやって伸ばすかなんです。お客さんもドラスティックに伸びないし、そうすると収益も伸びてこないと思ったんです。このままでは、ですよね。

だから、新しいことを考えて、打ち出していかないとダメなんです」

「メモリアルイヤー」をフル活用

持てる「コンテンツ」の魅力を上げていく。

球団なら、まずは野球という「コンテンツ」の魅力を充実させる。

そうすれば、ドームの観客動員も、その稼働率もさらに上がってくるだろう。

ドームと野球。つまり、ハードとソフトの関係だ。その「ソフト」の部分を入れ替えていくことで、ドームの活用法は幾通りも生まれてくる。

そのためには、何をすべきか。

球団が着目したのは「3つの周年」だった。

3年連続で迎える〝節目〟を使って、新たなプロジェクトを1つずつ進めていく。これらを球団事業の「発展」へとつなげていくのだ。

2018年（平成30年）　ホークス80周年。
2019年（令和元年）　福岡でホークス30周年。
2020年（令和2年）　福岡ソフトバンクホークス15周年。

「3年連続で、周年の作れるタイミングがちょうどあったんです。あるのが分かっていたんで、動き出したのは正解だったんですけどね」

この3つの「メモリアルイヤー」を、まさしくフル活用しようというわけだ。

1938年（昭和13年）に、前身の「南海ホークス」が創設された。

「南海ホークス、福岡ダイエーホークスから80年続いている。その素晴らしい球団の価値や歴史を、もう一度再認識、リスペクトしてもらって、野球のすごさ、楽しさをもう一度、福岡の皆さん、全国の皆さんに理解してもらおうと」

続く「福岡でのホークス30周年」には、ちょっとした〝こじつけ〟があった。

南海ホークスから、福岡ダイエーホークスへ。球団譲渡が発表されたのは1988年。

「それを同年と考えると、80周年と30周年は同じなんです」と太田は笑う。

ここで、一ひねりだ。

「飛行機を降りてきたシーン、ありますよね?」

福岡空港に着陸したチャーター機を前に、選手やスタッフ、総勢150人近くがずらりと横一列に並んだ写真がある。大阪から福岡へフランチャイズを移した際の〝象徴的事象〟として、ホークスの歴史を語る際には、必ず添えられるワンシーンだ。

2019年の宮崎キャンプで設置された九州移転30周年のパネル

その〝引っ越し日〟は１９８９年（平成元年）１月19日。

ただ、平成元年のシーズンインは、２月のキャンプからだ。２月１日は、球界のお正月とも呼ばれ、それが〝プロ野球の暦〟でもある。

「シーズンと考えると、１年ずれているんです。そうすると、ビジネスとして、２年に分けた方がおいしいよねと。どちらにも使えるんですけどね」

だから、あえて分けたのだ。

福岡で、ホークスの歴史をスタートさせたのは１９８９年。だから、２０１９年は福岡にホークスが来て「30周年」という〝解釈〟になる。

「福岡に対する感謝を、どうやってお伝えしていくか。それがしっかり実現できれば、またお客様も振り向いてくれるし、応援してくれますから」

そうした思いも込めて着手したのが、およそ50億円をかけて行われた、福岡ヤフオク！ドーム（当時の名称）の大規模改造だった。

まず、センター後方の大型映像システム「ホークスビジョン」を拡張した。

５面構成で、これをひとつなぎにした合計表示面積は１９２３・１平方メートル。屋内施設では、世界最大を誇っている。

コンコースに張ってあった紙ポスターはすべて撤去され、１６０枚のＬＥＤ・ＬＣＤモニターに切り替えられた。これもイベントと連動した映像や演出が可能となり、野球時には広告が一転、本塁打を打った際にはその演出映像にさっと切り替わるなど、ビジョンの映像を同時に、かつ一斉に流すことができる。

「ホークスビジョン」

コンコースに設置されたLEDモニター

コンサート時には、アーティストに特化した演出ができる。

それは、広告にも対応できる。視覚的な効果を高めることはイコール、クライアントへのメリットにつながっていく。

看板、案内板は、すべて日本語、英語、中国語、ハングルの４カ国語での表示だ。

こうした布石を打った上で、

3カ年プランの最後の一手が「E・ZO」だったのだ。

孫正義の怒声

「ホントは、ビルを造って、球団事務所とかを移して、ドームの空いたスペースを充実させようとか、そういう案もあったんです」

太田が、笑いながら明かしたそのエピソードには、強烈な〝オチ〟がついていた。

オーナーの孫正義《そんまさよし》に「一蹴されました」というのだ。

「エンターテインメントに走れ」

「そんなところに、お前らが行っても、何の意味もない」

球団事務所の機能は、ドーム内にある。

それらのスペースを空け、拡充し、サロン風の特別席に改装する。

そうやって座席数を増やし、席単価も上げる。収益を上げる1つのアイディアだ。

しかし孫は、そうした「野球」や「ドーム」という小さな枠にとらわれて、その中での発想にとどまっていることへの疑問を、その怒声の中に込めたのだ。

「それは『目指せ世界一』という、我々の恐ろしい6文字のスローガンに集約されているんですけど。それから考えるときに、今やっていることはそうなのかという目線を持たなきゃいけないんです」

壁を取り払え。スケールを広げ、視野を大きく考えてみろ。

その思考の水平線上に、一筋の光が差した。

「街」を創る――。

そのモデルは、アメリカに「2つ」あった。

ソフトバンクが目指す「街づくり」

MLBの1990年代。隆盛を誇った球団の1つが、アトランタ・ブレーブスだった。

ジョン・スモルツ、グレッグ・マダックス、トム・グラビン。

3人は、ナショナル、アメリカンの両リーグから毎年、最も活躍した投手1人ずつが選出される「サイ・ヤング賞」をいずれも獲得している。ちなみに2020年（令和2年）には、ダルビッシュ有《ゆう》（当時シカゴ・カブス、現サンディエゴ・パドレス）がナ・リーグの投票で2位、前田健太《まえだけんた》（ミネソタ・ツインズ）がア・リーグの同2位に入っている。

この3本柱が君臨した90年代、ナ・リーグを5度制し、95年にはワールドチャンピオンにも輝いている。前身のミルウォーキー・ブレーブス時代には、王貞治に本塁打記録を抜かれるまで、世界記録の755本塁打を放ったハンク・アーロンもプレーした。

1871年（明治4年）創設のMLB最古の球団は、ボストン・レッドストッキングスから脈々と連なる、長き歴史と伝統を誇るチームでもある。

かつては、24時間ニュース放送局のCNNの創業者であるテッド・ターナーがオーナーを務めていたことでも名をはせた球団だ。

1996年（平成8年）のアトランタ五輪で、そのメーン会場として使用されたセンテニアル・オリンピックスタジアムを野球用に改装した「ターナー・フィールド」を、本拠地として97年（平成9年）から使用してきたが、2017年（平成29年）に同じジョージア州内のカンバーランドへ移転。同2月21日に新球場「サントラスト・パーク」（現トゥルーイースト・パーク）をオープンした。

ここに、ソフトバンクの目指す1つ目の『理想形』があった。

この新スタジアムに面する形で「ザ・バッテリー・アトランタ」がある。

ここには大型劇場、商業施設、オフィスビルが入っている。しかも、それだけにはとどまらない。居住施設も併設している。

つまり、スタジアム中心の街づくりだ。

新球場建設に際し、球団には球場周辺の開発権も地元自治体から認められていた。集客性をより高めるために、エンターテインメント施設を造る。

およそ4億ドルをかけて開発した新本拠地は、商業施設を一体化させた複合型スタジアムというわけだ。これを中心として、都市構成をしていくのだ。

「海外へ行ったら、アトランタ・ブレーブスなんか、もう、街を創っているじゃないですか？　あれから比べたら、ウチなんか、かわいいもんですよ。メジャーじゃ、レジデンスも造っているわけで、何もなかった土地を全部買い取って、放送局から街から全部創ってしまっている。だから（E・ZOは）他でやっていることのちっちゃい版くらいじゃないですか、という感じはしますね。

メジャーに負けないように頑張りたいと思っているし、だからこそ『E・ZO』みたいなものができてきているなと思うんです」

太田の描く〝青写真〟と照らし合わせれば、ソフトバンクがやろうとしていることも、前身のダイエー時代から、この地でやろうとしていたことに着々と近づいているのだ。

住むにも、観光にも最高の〝総合エリア〟

ソフトバンク球団の前身・ダイエーが、このドームを建てたとき、そもそもは「ツインドーム計画」。現在の福岡ＰａｙＰａｙドームの横に、野球以外のコンサートやイベントができる多目的ドームをもう1つ、隣接する形で建設するというプランだった。

現在、ホテルは「ヒルトン福岡シーホーク」。

ショッピングモールは三菱地所が運営する「ＭＡＲＫ ＩＳ 福岡ももち」だが、ここにかつては「ホークスタウン」と呼ばれる大型商業施設があった。

当初は、ダイエーが野球、宿泊、商業施設の「三位一体経営」を担っていたのだ。

小売り革命を起こしたダイエーの創業者・中内㓛《なかうちいさお》の〝遺志〟を、まるで受け継いだかのように、今なお、この地行浜《じぎょうはま》は開発されているのだ。

「昔は、ダイエーさん一体だったんですね。ツインドームシティのことは、僕らは全く知らないです。ホテルはＧＩＣさん、モールは三菱地所、ドームはソフトバンクグループが持っていて、3社は違う会社ですよ。でも、目指していた構想、出来上がりはたぶん、同じことを考えていたんだと思います。泊まれて、遊べて、買い物ができて、一日中、それ以上でも、ここへ来て、楽しんでいただける。もともとそれを描いて、中内さんが造られたんだろうと思うんです。だから発想としては、変わらないんじゃないですか？」

モールのすぐ横には、タワーマンションも隣接している。

周辺は閑静な住宅街だ。ドーム前には九州医療センターがあり、ホテルの前には博多湾に面した百道浜《ももちはま》が広がっている。

住環境としても、観光スポットとしても優れた、まさしく〝総合エリア〟でもある。

そうした至便なエリアだからこそ、アミューズメントを集結させた「エンタメ総合ビル」の存在価値が、ますます高まる仕組みが内蔵されているのだ。

「e-Sports」に投資する理由

博多から韓国・釜山までは高速船で3時間。日帰りも可能な、気軽に行ける海外だ。台湾へも空路で3時間。福岡ダイエー時代には台湾で公式戦も行ったことがある。

その「インバウンド」が、メーンターゲットになる。

「今は（コロナ禍で）苦しくなっちゃいましたけど、外国からのお客様が福岡へ来て、さて、どこへ行くんだろうねと。泊まる。福岡タワーへ行って、太宰府天満宮に行って、そんなの楽しいのかな、みたいに思いますけどね。その時間帯を『E・ZO』に振り向けてもらおうということもあるし、あとは夜の時間帯ですよ。泊まって夜のナイトショー。それをどうするかということですよ」

そこで、2つ目のモデルが出てくる。

エンターテインメントの本場・ラスベガスだ。

「ラスベガスは、そういうのがすべて一体化されているじゃないですか?」

カジノ、ショー、スポーツイベント。まさしく不夜城だ。

『E・ZO』で遊び、お腹を満たし、野球を見る。

その後、『E・ZO』で舞台を楽しみ、ゲームをして、一杯飲んで、ホテルに戻る。

一日を完結できる。福岡を満喫できる。

そこに「世界一」というキーワードが貫かれてくる。

言葉や国の〝壁〟を超えた、誰もが楽しめる共通のコンテンツ。

その1つに「e-Sports」がある。

E・ZOの6~7階に「V-World AREA」がある。

様々なバーチャルコンテンツ20種・38セットを楽しむことができる。

ソフトバンクでは、e-Sportsの4チームを持っているという。うち2チームは、NPB（日本野球機構）とコナミが共催する「eBASEBALLプロリーグ」と、Nintendo Switchソフトを使ってNPBが主催する「eスポーツシリーズスプラトゥーン2」に参戦している（なおスプラトゥーン2020は開催中止）。

残る2チームは「こそっと、独自にやっているんです」と太田は笑いながら明かす。

Shadowverse（シャドウバース）とLeague of Legends（リーグ・オブ・レジェンド）の2つのカテゴリーに参戦。米国では、これらの決勝戦ともなると、米NFLの頂上決戦・スーパーボウルと同じくらいの視聴者数が、オンライン上でも記録されるという。

「（「e-Sports」は）それくらい嗜好している人が多い競技、スポーツなんです。そこでもし世界一に近いところまで行ったときには『LOLのソフトバンクホークス』になって、あ、球団も持っていたの？　と言われる時代が来るかもしれないんです。そういう可能性があって、今からその可能性に投資しているというだけです。

まだまだ、ビジネスにはならないと思いますよ。でも、いざというときに出遅れてしまうと、さらにお金がかかっちゃうかもしれない。この先、生活者の方々がどういう嗜好になって、どういうエンターテインメントを選んでくれるかは分からないですけど、できる限り僕らが提供するエンターテインメントを選んでいただきたいと思ってやっているのが根本ですね。仮説があって、それに対して投資するということです。

仮説ですから、もちろん勝算がなければやらないですけど、コロナ禍の前までの経済規模で言えば、勝算があると思っていました。もちろん、もう一回戻ってくるはずですし、戻ってくると信じていますので、そのときは行けるかな、と思っています」

コンセプトはずらさない

吉本の舞台にしても、もちろん、吉本新喜劇や漫才、コントで楽しませるという狙いもあるが、太田が惹かれたのは「お笑いもあるし、彼らがやろうとしている総合的なエンターテインメントのすごさ、素晴らしさを理解していること」だという。

吉本が、新たに取り組んでいるという「ノンバーバル」の演劇がある。

つまり非言語。パントマイム、ブレイクダンス、マジックショー、ジャグリング、レーザー光線などの光学的な演出がそうだ。

演劇も、言語に頼らない。表情、視線、ジェスチャーで、思いや物語を表現していく。

大阪コテコテの笑いだけではない。日本語が通じない外国人でも、その劇場にやって来て楽しむことができる。そうしたコンテンツを用意しているのだ。

例えば、これを夜9時にスタートさせる。

観光から帰って来た外国人が、野球を見終えたファンが、ちょっと足を運んでみる。そのナイトショーが終わったら、ホテルのバーでゆっくりとお酒を飲む。

「海外へ行ったら、普通、こういうのがあるじゃないですか」

ただ単に、外国の真似をしているのではない。

外国人の視点に立てば、日本に来て、その世界水準のアミューズメントを体験できる場所で、ゆっくりと過ごしたい。

言葉や国籍、人種の壁を超えた〝世界一のおもてなし〟を提供する。

野球、演劇、ショー、ゲーム、グルメ、ミュージアム。

そのホスピタリティに立ち、これらの「アミューズメント」を掛け合わせていけば、その組み合わせはまさしく、幾通りも出てくるのだ。

その「世界一」という〝くくり〟の中に「王貞治ベースボールミュージアム」もある。

「コンセプトとして、全くずれていないんです。世界一のコンテンツといったら、怒られちゃいますね。でも、別に何もコンセプトもなく持って行ったわけじゃなく、そういうものをしっかり集める。当然、世界一に近づくようになるということなんです」

もちろん、経営的な面でもメリットはあった。

「王貞治ベースボールミュージアム」が福岡ＰａｙＰａｙドーム内にあったときには、そこからも試合を見られるような造りになっていた。

このスペースを空けて、さらに観客を入れれば、それだけ収益は増える。

太田は、その「収益」と「歴史」とのバランスを取ることに苦心したという。

「そこだけ切り取ればその通りなんです。経済合理性があるわけじゃないですか。だからやれるんです。空けたかったし、満席にしたかったんです。じゃあ、どうしたらいい？　なくすわけにはいかない。ビルができて入れば、いい形で収まるわけです。大きい柱は、僕らが持っている『目指せ世界一』のスローガン。それが理念、ビジョンみたいなものですからね。そのコンセプトとしてもずれていない。そういうことで造っているんです」

アトランタのように、球場を核とした「街」を創っていく。

ラスベガスのように、朝から夜まで、一日中楽しめるエリアを創る。

そのための〝橋頭《きょうとう》堡《ほ》〟として「ＢＯＳＳ　Ｅ・ＺＯ　ＦＵＫＵＯＫＡ」があるのだ。

「強くなきゃダメなんです」

2020年（令和2年）、福岡ソフトバンクホークスは4年連続日本一を達成した。

この10年間で7度の日本一。恐ろしいばかりの強さだ。

2011年（平成23年）から、3軍制を本格導入した。そのために、福岡・筑後市に2球場、室内練習場、寮を完備した一大育成施設も造り上げた。

千《せん》賀《が》滉《こう》大《だい》、石川《いしかわ》柊《しゅう》太《た》、甲《か》斐《い》拓《たく》也《や》、周東《しゅうとう》佑《う》京《きょう》。

野球ファンなら即座に分かるそのスタープレーヤーたちは、アマチュア時代、他球団がドラフト候補にも挙げていなかった無名の存在だった。

その潜在能力を見抜き、育成選手として3軍で鍛え上げ、一流選手へと成長に導いたそのシステムも育成法も、そのための施設を整えた惜しみない投資も、まさに球界随一といえるだろう。

そうすると「金満球団だから」という非難の声が、どうしても上がってしまう。

ホークスの強さが突出しすぎると、球界全体の強さのバランスが崩れて、ペナントレースが面白くなくなるという、やっかみの声すら聞こえてくる。

しかし、そうした外野の声は、日本の野球界という〝村社会〟での理屈に過ぎない。

世界基準で考えれば、チームの強さは「必須条件」だと太田は断言する。

「強くなきゃダメなんです。強くなくて『E・ZO』なんて造ってたら、こんなもん造ってないで補強しろ、って絶対言われるんです。絶対、チームは強くなきゃダメです。トッププライオリティはチームです。そして、投資しなきゃ、チームは強くならないんです」

日本一強いチームが、日本を代表する選手を育てて、このドームで野球をしています。世界の観光客には「日本一のチーム」というフレーズで響かせなければ、ホークスというコンテンツには、振り向いてもらえないのだ。

「だから、見た目は違いますけど、別にバラバラじゃないんですよ」

世界に通じる「コンテンツ」を、博多に集結させる。

『E・ZO　FUKUOKA』を建て、アミューズメントを充実させることと、ドームで行う「野球」を強くすることは、まさしく〝同じ根っこ〟でつながっているのだ。

ソフトバンクの総年俸額は、12球団トップ。労組日本プロ野球選手会が2020年6月29日に発表した、同選手会に加入している日本人の支配下選手727人の2020年調査結果によると、球団別の個人平均年俸ではソフトバンクが前年より600万円増の

7131万円で、2位巨人の6107万円を1000万円以上も上回っている。

それは、野球というコンテンツを充実させるための必要最小限の投資なのだ。だから惜しまない。ちょっとでもケチったら、その全体像は瞬く間に崩れてしまうのだ。

太田は、コロナ禍で収益が下がっている現状も踏まえた上で、こう強調する。

「利益の話、よくされるじゃないですか。じゃあ、来年の利益を10億円上げようとなると、何人か外国人選手を獲らなければ、10億くらいの利益はすぐ出ますよ。柳田悠岐《やなぎたゆうき》をトレードに出すとか、そういうことをすれば、企業体としては利益が出るんです。でも、もちろん、そんなことはしません。する意味がないんです。そうすると、すぐ弱くなる。そうしたら、3年後くらいに、お客さんが来なくなるのが目に見える。

単年の利益だけ求めるという経営者が来たら、選手をどんどんリストラして、2年くらいは利益が出ると思いますよ。でも、そんなことに何の意味もない。それで配当を出して、親会社に収益貢献をするという会社じゃないんです。ソフトバンクのブランド価値を創るために存在している会社なんで、単体の利益を求める会社じゃない。

だから、企業体の視線だということです。球団じゃないんですよ。会社として、グループとしての目線で見ると、違和感がないかもしれない。利益構造の中の矛盾みたいな話は、今の話で成立すると思いますよ」

北海道―福岡は「近い」

プロ野球界の〝憲法〟ともいえる「野球協約」には、球団の参加資格として「日本に国籍を有しないものの（球団の）持株総計は資本総額の四十九パーセントを超えてはならない」（第二十八条（2）を抜粋。なおかっこ内は筆者が注釈として加筆）とある。

つまり、外資の参入は事実上、認められていない。

それでも、グローバル化の進む世界で、いつまでその参入障壁を保てるのだろうか。鎖国が破られる『その日』は、近い将来に訪れるかもしれない。

太田のたとえ話に、うなずけるポイントは多々ある。

「例えば、HUAWEI（ファーウェイ＝中国の通信事業会社）さんが入ってきて、どこかの球団を買収して、球団ビジネスをやろうというときには、もっとすごい規模のことをやろうとするのは、あり得るじゃないですか？　そのとき、12球団だけを囲った日本のプロ野球を日本国民が支持するのか、世界全体でやる新しいリーグを支持するのか。それは、明白ですよね。実現すれば見たいですよね。全然スケールの違う野球をやる。メジャーのピッチャーをガンガン、柳田（悠岐＝ソフトバンク）が打つ、みたいなね。

これで、メジャーリーグの極東地域リーグみたいなものができたと仮定しますね。じゃあ、ハワイのチームとアメリカの西海岸にあるチームが、交流戦で日本にやって来るという話になったとき、さて、どこを使うかとなるわけですよ。

そうすると（2023年に）新球場ができる札幌、福岡、東京となったら、ファンは行きますよね。だって、日本全体の端から端まで動くという話と、ロサンゼルスからサンディエゴまで動く話とは、そんなに変わらないじゃないですか、時間とか。海外へ行ったとき、そういうの、パッと行くでしょ？　世界から見て福岡と大阪、東京の違い、そんな距離ってないんですよ。日本に住んでいると、福岡、遠いなってなりますけど、インバウンドからすれば、そんなことは絶対にないはずですから。

野球で、メジャー標準、アジア標準の新しい戦いみたいなものが福岡なり、東京なり、新球場のできる北海道なりであるとなると、そこには絶対行くと思うんです。そうなったときに、僕らがそのトップにいたいなとも思うんです。

どうなるか分からない。僕らだけではできませんよ。でも、野球の発展形みたいなものが実現したときに、福岡が拠点でありたいと思うんです」

「目指せ世界一」の〝真意〟

そのための〝布石〟も打ってあるというのだ。

「もう少しビジネスチックな話をさせてもらうと、なぜMLB　caféを（E・ZOに）入れたか。ホークスは関係ないですよ。彼らを口説いてライセンス契約できて、入れているよと。そうするとMLBの試合が日本であるとしたら、ハマるわけですよ、一発で。

例えば、どこを選ぶというときに、そういう宣伝をしてくれている地域、店がもう福岡にある。東京ドームにもありますよね。じゃあ、東京と福岡を選んでくれる。アジアのこれからの活動、大きく発展するのはインドとか中国とか、可能性はあると思っていて、アジアの拠点ってなったときは、福岡に地の利がある。そのときに、慌てても間に合わない。当たり前のように『僕ら、やってますから』といえるようになってたらすごいでしょ？」

ソフトバンクグループの総帥で球団オーナーの孫正義が、2004年（平成16年）オフにダイエーから球団を買収したときから公言するスローガンが「目指せ世界一」だ。

野球界〝だけ〟の解釈でいえば、メジャーのワールドシリーズを制した米球団と、日本シリーズを制した日本の球団が戦う「日米クラブ世界一決定戦」を意味するだろう。

真のワールドシリーズをやりたい。いや、メジャーが相手にするはずがない。野球界だけの現状認識で捉えれば、その推察は決して間違ってはいない。しかし、野球での日米決戦だけにフォーカスしてしまっては、球団の行動指針ともいうべきスローガンの〝真意〟を読み違えてしまうことも、また確かだろう。

なぜなら、ソフトバンクが目指すのは「世界一のエンターテインメント企業」だからだ。

MLB公認ライセンスを許諾された「MLB café FUKUOKA」

ドームという、野球の試合に限らず、アーティストのコンサートもできる〝箱〟がある。「BOSS　E・ZO　FUKUOKA」というエンタメを集結させたビルがある。

ホテルも、買い物ができるショッピングモールもあり、グルメも楽しめる。

海外からの観光客を迎え入れられる態勢を整えた、世界基準の〝街〟がある。

そこに、日本一強い野球チームがあって、ドームで野球をやっている。

そのことも、世界の観光客に向けての大きな「セールスポイント」になってくるのだ。視点を「日本」ではなく「世界」に振り向ければ、決して夢物語には聞こえない。むしろホークスは、そうなる時代を予見して布石を打ち、未来予想図に向かって突き進んでいる。

その先見性には、驚きを通り越して、戦慄《せんりつ》すら走るほどだ。

第2章

北の大地に〝新たな街〟を創る

北海道日本ハムがボールパーク建設に込めた夢とロマン

ファイターズ新球場の工事現場

甲子園9個分の〝街〟

スケール感を、感じてほしいんです――。

取材先から、このような〝抽象的な要望〟を求められたのは、四半世紀に及ぶ私の野球取材の中でも、初めての経験だった。

北海道の玄関口・新千歳空港へとつながるJR千歳線で、札幌駅からおよそ16分。

「世界がまだ見ぬボールパークをつくろう」

「2023　PLAYBALL」

北広島駅に近づいた頃、右の車窓から大きな看板が見えてきた。

西口のロータリーに出る。

高層マンションや団地が立ち並ぶ静かな住宅街の間を貫く幹線道路に沿って、東の方向へ歩いていく。赤いクレーンの〝手の先〟が、次第に大きく見えてくる。

こっちだよと、まるで手招きされているかのようだ。

フロントガラスとダッシュボードの間に「工事車両」のプレートを挟んだトラックが、何台も、私の脇を通り過ぎていく。

予定地全体は、およそ32ヘクタール。

甲子園球場の総面積が約3・85ヘクタール。つまり、そのおよそ9個分の敷地といえば、その広大さがイメージできるかもしれない。

その中心に、ポンと置かれた王冠のように見えるのが、建設中の新球場だ。

新球場の周りを取り囲む広大な敷地に沿って、ぐるりと歩いてみた。

32ヘクタールを計算しやすいように、簡単な長方形に換算してみよう。

長辺800メートル、短辺400メートル。これで32万平方メートル。32ヘクタールとなる。

2019年に新千歳空港に設置されていた新球場の看板

この〝仮説長方形〟をぐるりと一周するとなると、単純計算で2・4キロになる。

メモを取り、写真を撮りながら、およそ1時間をかけた徒歩での現地視察。解けた雪水が混じったアスファルトの上を歩いていたせいだろう。パンツの裾やスニーカーのところどころに、泥が飛び跳ねていた。

2023年（令和5年）、ここに〝夢の街〟ができる。

槌音《つちおと》が球音に変わる日は、少しずつ、着実に近づいている。

「ドームの制約」

2018年（平成30年）3月26日。

北海道日本ハム球団は、新球場の候補地を北広島市の「きたひろしま総合運動公園」とすることを発表した。

およそ32ヘクタールの予定地には、開閉式の屋根付き天然芝球場、宿泊施設、アウトドアリゾートの感覚で楽しむというキャンプの新スタイル「グランピング」をはじめ、多種にわたるアクティビティに取り組めるエリアを設けることなどが計画されている。

また新球場には、防災拠点として有事の際に機能する「地域の広域避難所づくり」を目指すという狙いもある。

将来的には、居住地域や教育施設、スポーツ施設なども拡充されていく。

「HOKKAIDO BALLPARK F VILLAGE」

つまり、北海道に〝新たな街〟を創っていくという壮大なプランだ。

2019年（令和元年）10月には、球団から分社化したボールパークを保有・運営する新会社「(株)ファイターズ　スポーツ＆エンターテイメント」が設立され、2020年（令和2年）4月13日には、監督の栗山英樹も列席しての起工式が行われた。

北海道日本ハムファイターズの現在の本拠地・札幌ドーム

本拠地を、自分たちの手で創る。

その決断に至る〝一因〟として挙がるのが、札幌ドームにおける「制約の多さ」だった。

「(株)札幌ドーム」は、札幌市を筆頭に、道内の財界各社が出資した第3セクターで、札幌ドームは札幌市が所有している。

2001年（平成13年）に開業。天然芝の移動システムが採用されており、サッカー開催の際には天然芝、野球の場合は人工芝と併用が可能。2002年（平成14年）には、日本と韓国の共催となったサッカーのワールドカップの試合会場となり、2019年（令和元年）にはラグビーのワールドカップでの試合会場にもなっている。

かつて、巨人と併用の形で東京ドームをフランチャイズとしていたが、2003年（平成15年）8月に新法人「(株）北海道日本ハムファイターズ」として、北海道に誕生。チームとしては2004年（平成16年）のシーズンからスタートとなった。ちなみに、サッカーJリーグの北海道コンサドーレ札幌も同じく札幌ドームを本拠地としている。

かつては、球場と球団の経営は別だった。球場を経営する会社に賃料を払う。そうすると球団には球場を持つための税金や減価償却費といった、種々のコストが不要になる。野球では稼げない。その認識が当然だった一時代前は、この方がよかったのだ。

しかし、いまや球団自らが「稼ぐ」時代に入った。

親会社からの資金投入だけで経営できる時代ではない。球場内の看板、物品販売、飲食販売、入場チケットの売上を増やしていくことが、球団経営の根幹を支えていく。ところが別会社だと、球場ビジネスでの収益は球団には入ってこない。

球場を改装して座席数を増やすとか、球場内の看板広告をどこに設置するかといった決定のイニシアティブも、球団には一切ない。

こうした数々の「ドームの制約」で「スタジアム・ビジネス」が思うように展開できないという球団のジレンマをテーマに、私が取材を行っていたのは、2019年7月のことだった。

「ハードとソフトとの一体経営ができていないんです」

そのときに取材対応してくれたのが、当時、事業統轄本部コミュニティリレーション部部長兼事業企画部シニアディレクターの佐藤拓《さとうたく》だった。

札幌ドームは、まず賃館料として1試合約830万円、観客動員が2万人を超えたら、1人あたり423円を超過分として支払う必要がある。

また、試合ごとの警備費、清掃代なども球団が負担する。球場使用料と諸経費を含めると、球団は年間約15億円を札幌ドーム側に支払っている。

フェンスの広告看板を売るときにも、まずドーム側から広告枠を買い取り、それを相手側に売るという形になる。これを佐藤は「権利は球場側。球団は一部の収益をもらう広告代理店みたいなものです」と表現した。

グッズの物販も、売る権利はドーム側が持ち、委託販売という在庫リスクを抱える仕組みで、販売の動向もデジタルデータとして管理できない。北海道なら球場内でのグルメが目玉になりそうなものだが、ドームの飲食では球団に1円も入らない。

つまり、場所代を払い、野球をやらせてもらっているという図式でしかないのだ。

これまでの「スタジアム」の概念を取り払う

２０２０年（令和2年）現在、プロ野球12球団で自前の球場を保有、あるいはグループ企業が球場を保有しているのは、福岡ソフトバンク、埼玉西武、オリックス、阪神、横浜ＤｅＮＡの５球団だ。

横浜ＤｅＮＡは「球団と球場の一体経営」を行うために、横浜スタジアムを保有する「(株)横浜スタジアム」にＴＯＢ（株式公開買い付け）を実施。連結子会社化し、２０１６年（平成28年）から横浜スタジアムの運営会社の筆頭株主となった。

オリックスも、経営母体だった第3セクターが破綻した大阪ドームを買い取り、運営会社をグループ会社の子会社として、球団と事実上の一体経営を行っている。

指定管理者制度などにより自治体に一定の使用料を払うが、その運営・営業権を得ているのが、東北楽天、千葉ロッテ、広島東洋の３球団になる。

別会社が球場を保有し、使用料を支払って借りる形を取るのが、巨人、東京ヤクルト、そして、北海道日本ハムとなる。中日は、親会社の中日新聞社をはじめ東海地域の複数企業が出資した「(株) ナゴヤドーム」に使用料を払っているが、ドーム内での飲食や物販などの権利がドーム側にあるのは北海道日本ハムと札幌ドームの関係と同様で、現状では球団と球場の一体経営ができていない。

この「新球場とスタジアム・ビジネス」というテーマで章を立て、取材を進めていこうと思い立った私は、本書の編集者と球団に今回の取材趣旨を説明し、企画書を提出した。

その内容を、ここに記してみよう。

北海道日本ハムが2023年、北広島市に開業予定の「新球場」を核とした〝野球の街〟を創るプロセスを追っていく。かつて、プロ野球球団は「球団」と「球場」の経営は別だった。子会社である球団経営の赤字補塡は、親会社の広告宣伝費に組み込めるという税制上のメリットがある。さらに自前の球場ならば、固定資産税、減価償却費、修繕費といった種々のコストがかかってくるために、大半の球団は、球場を経営する会社へ賃料を払う形をとっていた。しかし、現代の球団経営は、親会社頼みの「タニマチ・ビジネス」から、球団が〝稼ぐ〟スポーツビジネスの時代になった。その中心が「スタジアム・ビジネス」。球場に人を呼び、広告看板を取り、飲食、物販を展開して稼ぐ。そのためのイニシアティブが、自前の球場でなければ持てない。球団と球場の一体経営がキーになるのだが、現状の札幌ドームと北海道日本ハムは、その関係が作れない。そこで北海道日本ハムは、自前の球場を造るというチャレンジに乗り出したのだ。

コロナ禍で、移動を伴う現地取材や対面での直接取材は避けた方がいいという判断もあって、球団側とは当初、メールでの質問のやり取りを行っていた。

しかし、答えのトーンとこちらの質問とが、書面を通しても噛み合ってこない。

新球場のプロジェクトを担う「(株)ファイターズ　スポーツ&エンターテイメント」の「事業統轄本部コーポレート・マーケティング部部長」に肩書が変わった佐藤から「補足」として、電話での取材を提案されたのは、2020年12月2日のことだった。

ここで突っ込み切れていない部分を聞けばいい。これは、渡りに船だと思った。

しかし、佐藤との40分のやり取りの中で私が気づかされたのは、取材企画書から透けて見えてくる〝理解の甘さ〟だった。

「札幌ドームがイヤと言っているわけでは、本音の部分でも違うんです。次の我々のビジネスのチャレンジ。そういう側面があります。野球ということだけを切り取ると、札幌ドームの制約とか不満みたいなのが浮き彫りになってしまうんですけど、もう、そういった次元ではないと思っているんです」

札幌ドームでは、スタジアム・ビジネスが展開できない。だから、新球場を造る。

その〝一義的な図式〟で、今回のプロジェクトを捉えてほしくはない。

私の企画書の不備が不安視されているのだということが、じわじわと分かってきた。

「野球」が主題だから「野球」という枠にこだわりすぎ、その枠の中から考えようとすると、今回の企画書のような発想になってしまう。それは、第1章のソフトバンクの取材前にも犯してしまっていた、私の〝思い込み〟から生じる、間違った理解のせいだった。

「球団」だから「野球」という、その固定観念で「新球場」を捉えてしまうと、球団側が今回の大プロジェクトに込めた思いや真意が、全く伝わらないのだ。

このままで書籍にされると、完全に間違った意図が世間に広まってしまう。

だから、球団側は困惑していたのだ。

「一度、コンセプトのこととか、理念とかから入っていった方がいい気がしますね。どういう考えでこれを進めていて、そういうものがあって具体的にこういうものを造って、こういうスケジュールで、こういう風にやっていくという全体像とか、ですね。以前にお話しした感じとしては、また全然違ったフェーズに入ったと思っています。実際、建設地をご覧になったら、また印象もかなり変わるのかなと思います。これは、私の口で言うよりも、見た方がイメージは湧くのかな、とも思いますし」

百聞は一見に如《し》かず。取材の基本は、まずは現場に足を運ぶことだ。

佐藤の〝助け舟〟に、ありがたく乗っからせてもらうことを即座に決めると、取材依頼書を作り直し、広報部広報グループ長の高山通史《たかやまみちふみ》に、現地での取材希望を記した上で、その日のうちにメールで送信した。

高山は、私がサンケイスポーツの野球記者時代に、別のスポーツ新聞でプロ野球担当をしていた。取材現場でも何度となく顔を合わせ、一緒に仕事をしてきた仲間でもある。

「先輩の記者に、こんなことを言うのは失礼だとは分かっているんですけど」

実直な高山らしく、丁寧な前置きを語った上で、こんなアドバイスをくれた。

「これまでの球場とか、そういう概念みたいなのをすべて取っ払って、話を聞いてもらった方がいいかもしれませんね」

佐藤への電話取材から5日後。高山は、早急に取材の席をセッティングしてくれた。対応してくれるのは（株）ファイターズ　スポーツ&エンターテイメント取締役事業統轄本部長・前沢賢《まえざわけん》。プロジェクトの〝総指揮者〟だ。

招き入れられた会議室には「SHINJO」のプレートがついていた。

ちなみに、同じ札幌ドーム内の球団事務所1階には「DARVISH」「OHTANI」「HILLMAN」と名付けられた会議室もある。

株式会社ファイターズ　スポーツ&エンターテイメント取締役事業統轄本部長、前沢賢

こうした小粋なネーミングに、この球団の野球に対する愛情と、歴史を彩ってきた先人たちへのリスペクトが溢れているような気がする。

白い壁に囲まれた、落ち着いた一室。

「オフレコのことも含めて、すべてご説明します。そうすれば、全体像が分かっていただけると思いますんで」

そう言いながら、おもむろに前沢が、白い壁に向かって「△」を書き出した。

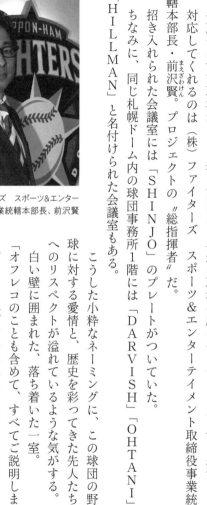

壁は、ホワイトボードにも切り替わる〝二刀流〟なのも、この球団らしい。図を描いての解説も含めた〝ドリームプラン〟の説明は、たっぷり1時間。その内容は、新たに気づかされる視点の連続だった。乾いていたスポンジに水が染み入っていくかのように、前沢の言葉が、私の脳の中にぐいぐいと、入ってくるような気がした。

「コア」「ミドル」「ライト」

前沢のキャリアを一言で表現するなら「球団経営のスペシャリスト」だろう。北海道日本ハムでスポンサーシップ、観客動員、事業戦略などを担当する事業推進部長を務めた後、パ・リーグ6球団が2007年（平成19年）に共同出資して設立した「パシフィックリーグマーケティング（PLM）」へ出向。執行役員を務めていた際に、パ・リーグの全試合をインターネット配信、パソコンやスマホで観戦することができる「パ・リーグTV」の土台作りを行い、2012年（平成24年）のスタートに結びつけている。

セ・リーグの横浜DeNAに〝移籍〟したのは、2011年（平成23年）末にDeNAがTBS（東京放送）から球団を買収した直後のことだった。

ここで新会社の組織作りや事業戦略を立案する取締役事業本部長を務めている。

DeNAスポーツマーケティング推進室室長として、ヱスビー食品陸上部を買収してクラブも立ち上げた。さらに、日本代表が集結する「侍ジャパン」で事業戦略も担当した。

2015年（平成27年）に、北海道日本ハムに5年ぶりに復帰。今回の新球場プロジェクトを睨んでのカムバックというわけだ。

新球場建設へ至る理由について、前沢は「2つあった」という。

「一般的に日本とアメリカで比較したとき、アメリカがかなり進んでいて日本が遅れているみたいな風な『ステレオタイプの人たち』がいっぱいいますが、全然そうではなくて、むしろソフトバンクや楽天に学ぶことはたくさんあるし、アメリカに勝っているところもたくさんあります。そういった中で、今のマクロ的な環境を見ていて、野球の球団に所属する人間として、どうしたらいいのか、という話なんですね。

札幌ドームでビジネスをしていたので、まずはそこから転換しなきゃいけないというのがありました。そうなると、全く新しいものも構想していかないといけないし、札幌ドームとの比較も当然しなくちゃいけない。その2つがあったのは事実。それが大前提なんですけどね」

そういうと、前沢はホワイトボードに記した「△」を、頂点から3層に分けた。

上から「コア」「ミドル」「ライト」。プロ野球のファン層を意味している。

「これは、ビジネス側の問題でもあるんですけど、だいたい、プロ野球の事業部門の人って、この三角形をデカくしなきゃいけないってやっちゃうんですよ。ある球団においては、ミドルのところを広げていくという人もいるし、ライトのところを広げていくという人もいる。もっと言うと、コアゾーンを高速回転させていくことによって、来場頻度を上げるという人もいる。それは否定するものでもないし、それはそうなんですよね」

そう前置きした上で、前沢は三角形の〝外〟を指し示していた。

「ウチのファン数は、たぶん300万人くらいなんです。日本全国で取るデータによって300になったり500になったりしますけど、たぶん300くらいなんだろうな、という感覚です。これ（三角形）を大きくすることは、これはこれでやらなきゃいけない。

でも世の中には実際、1億2400万人くらいいるわけですよ。つまり、1・2億人のボリュームが、この『外』にいるんです。じゃあ『外』には何もやらないの？『外』にいる人たちを入れることもやらなきゃいけないし、入ってこないにしても、このまま居続ける人たちをマーケットとして捉えることはできないんですかというのが、まず大きな枠組みだと思うんです。新しい球場ができると、ウチの球団としては、この『中』のビジネスも当然やっていくんですけど、むしろこっち側、周辺にいかにやっていくかということなんです。そこには圧倒的なマーケットがあってその対象も大きいのに、これに手をつけないのはおかしな話なんですよ。それは、当たり前のようにやるべきでしょうと」

「1億2000万人」にアプローチする

ファンを増やす。そして、球場への観客動員を増やす。

そうすれば、チケット収入が増える。球場での飲食やグッズの売上が伸びる。ファンの関心が高まればメディアでの中継も増え、放映権収入だって増える。

球場に『人』を呼ぶ。そうなれば、あらゆる局面での相乗効果が生まれてくる。

これこそが、球団経営の〝一丁目一番地〟でもある。

そのためには、ファン層の「三角形」を大きくしなければならない。

しかし、その拡大策には、すでに限界が見え始めている。

少子高齢化が進む日本社会。必然的に、子供たちの数が減り、ひいては野球に取り組む競技人口も減る。それが、野球人気の低下へとつながっていく恐れが大だ。

その〝負のスパイラル〟への危惧は、球界全体で共有していることでもあり、これは野球に限らず、「コンテンツ」を扱うすべての産業が同じ悩みを抱えているに違いない。

だから、子供たちへのファンサービスを強めないといけない。

全国各地で野球教室を行って、まずは野球に触れてもらおう。

そうやって野球に親しんでくれれば、大人になってからも、野球を見てくれるだろう。

未来への投資。その観点からの戦略は、決して間違いではない。プロ野球球団だけではなく、アマも含めた日本の野球界全体としての努力を惜しんではいけない。

「私の仮説なんですけど」と前沢は、再びホワイトボードに「△」を描いた。

「今までのプロ野球が隆盛を極めたというのがあったのは、そこに長く胡坐《あぐら》をかいていたというのはあるんですけど、ファンじゃなく競技者として考えると、この一番下、小学生が膨大にいて、中学、高校、大学、プロと上がっていくにつれてどんどん脱落していくんですけど、三角形の中にいる人たち、そして離脱していった人たちがみんなファンになってくれていたんですよね。それによって、プロ野球は隆盛したと思うんです」

三角形の右辺から、前沢が何本もの「↘」を描いた。

プロという頂点を極められず「野球選手」というカテゴリーからこぼれ落ちた〝元プレー

ヤーたち〟は、それこそたくさんいる。

しかし、時代の流れはスピード感を増している。

平成の時代に入り、サッカーはJリーグ、バスケットボールもBリーグと、プロリーグが誕生した。サッカーやラグビーのワールドカップとなれば日本中の関心が集まり、日本代表選手ともなれば、その注目度は格段に上がる。

アマチュアしか参加できなかったオリンピックも、プロ契約のアスリートたちが出場できるようになった。メダリストという名誉は、子供たちの憧れの的でもある。

かつてのように、プロスポーツは野球だけ。運動神経のいい子供たちは、まず野球部に入る。そんな〝昭和のスポーツシーン〟は、もはや過去のものだ。

こうした社会状況の変化から見ても、野球界はもはや安泰ではない。

少子化による競技人口の減少。そして、スポーツや趣味の多様化。

野球界を下支えしてきた〝元プレーヤー〟も、これからは間違いなく減っていくのだ。

前沢の舌鋒《ぜっぽう》は、さらに鋭さを増していく。

「『ここ』がないんです」

前沢が、ペンで指し示したカテゴリーには「小学生」とあった。

「この『裾野を拡大していきましょう』という人はたくさんいます。でも、現実としてかなり難しいです。だって、人数が減っているんですから。競技者人口の増加、もしくは減少の歯止め。大義としてやらなくちゃいけないんですけど、それに手を加えるよりは、この周辺にいる人たちに『プロ野球』というエンターテインメントのくくりの中で説明する方が簡単じゃないですか？　これが、そもそもの発想なんです」

北海道日本ハムのファンでもなく、野球にそれほど関心もなく、北海道にも縁がない。

そんな「1億2000万人」に対して、いかにしてアプローチしていくか。

つまり〝野球だけ〟では、人を引き寄せることはできない。

そのためのイノベーションを、前沢は起こそうとしているのだ。

球場でイノベーションが起きていない

「これを言うと、あっちこっちから怒られちゃうかもしれないですけどね」

ここで前沢は、野球観戦のスタイルを「2種類」に分類した。

1つは「テレビ観戦」。つまり「遠隔地の観戦」という言い方ができる。

もう1つは「ライブ観戦」。それが「球場での観戦」となる。

「遠隔地観戦って、最初はラジオ、その後にテレビにいって、CSにいって、動画配信にいって、今はVR（バーチャル・リアリティ＝仮想現実）にいくのか、AR（オーグメンティッド・リアリティ＝拡張現実）にいくのか、そこまでは分からないですけど、何が言いたいかというと、すさまじい勢いで技術革新しているんです」

地上波でのナイター中継が激減した一方で、BSやCSで試合開始から試合終了までの完全中継が当たり前のスタイルとなり、インターネット配信によって、場所を問わず、手元のスマートフォンで中継映像も、プレーの詳細な解説付きの速報も送られてくる。

ただ、この〝観戦革命〟を起こしたのは「実はプロ野球界じゃないんですよね」。

前沢の指摘に、合点がいった。

中継技術の進歩は、通信機器や通信網の飛躍的な発展に伴って起こったことなのだ。

「遠隔地観戦の方は〝周辺の人たち〟が革命を起こしたんです。だから、たぶん伸びたんです。ライブでの観戦での『主たるプレーヤー』は球団と球場ですが、イノベーションを起こしていないんです」

自己批判、そして球界批判も含めた、鋭い問題提議でもあった。

新球場、いや、北海道に〝新たな街〟を創るのは、その観戦スタイルに〝革命〟を起こすための、壮大な仕掛けでもあるのだ。

「我々が『主たるプレーヤー』であるべきなのは、このエリアなんです。イノベーションが起こっていないどころか、全く変わっていないんです。まずこれだろうというのが、僕の持論です。だからウチとしては、まずは野球場をボールパーク化する。そこへ経営資源を集中すべきだろうと思うんです。ライブ観戦は、全然技術革新をしていないんです」

そのヒントは、メジャーリーグにあった。

「残念ながら、日本のスポーツはアメリカの10年後を追いかけていると思うんで、遅かれ早かれ、こうなると思ったんです」

前沢は、北海道日本ハム復帰後の２０１５年（平成27年）から、毎年メジャーへ視察に出向いていた。

コロナ禍で海外へ行くことが難しくなった２０２０年（令和2年）を除いて「5年連続、毎年１回か２回は、アメリカに行っていましたね」。

そこで目撃したのは、球場を核としたメジャー球団の「街づくり」だった。

球団が不動産業に乗り出す

ボストン・レッドソックスの本拠地、フェンウェイ・パーク。

１９１２年（明治45年）の開場は、メジャー球団の本拠地として使用されているスタジアムの中では最も古い歴史を誇っている。

本塁から左翼まで３１０フィート。メートル換算だと94・5メートル。本塁打が出すぎないようにと、37フィート（約11・3メートル）の高い壁、通称「グリーン・モンスター」がそびえたっているように、他球場に比べると、格段にグラウンドが狭い。

スタンドの構造も古く、視界の目の前に鉄柱が立っているような席もある。

しかし、建て替えようという声は上がらない。「パリにエッフェル塔があるように、ボストンにはフェンウェイ・パークがある」というのが、ボストン市民のプライドでもある。

２０１９年（令和元年）、レッドソックス球団は球場の改修計画に加え、フェンウェイ・パークに隣接する舞台芸術センターの「フェンウェイ・シアター」を建設するプランを発表した。

収容人員５０００人の同シアターで、年間通してのエンターテインメントの興行やイベントを開催し、球場での試合がないときでも、周辺地域に人を呼び込む狙いがある。

また、シカゴ・カブスの本拠地・リグレー・フィールドは１９１４年（大正３年）に開場。

レッドソックスのフェンウェイ・パークに次ぐ、MLB本拠地球場では2番目に古い球場で、ツタが絡まる外野フェンスは、この球場の名物でもある。

2016年（平成28年）、シカゴ・カブスが108年ぶりにワールドシリーズを制覇したとき、球団の資産価値は26億7500万ドル（約2917億円）と評価されたが、オーナーのリケッツ一族が球団を買収した2009年（平成21年）には8億4500万ドル（約921億3400万円）だったという。

その〝価値の急上昇〟の要因の1つとして、球団がリグレー・フィールド周辺の土地を積極的に買収、地域の再開発を行っていることを見逃すことはできない。

2017年（平成29年）、球場に隣接する「パーク・アット・リグレー」が開業した。レストランやバー、芝生のゾーンやイベント広場、さらにはスケートリンクなど、試合開催日なら試合前や試合後、試合がないときにも一日中、十分に楽しめる施設が整っている。

球場がある街。野球が中心になるとはいえ、それがすべてではない。

野球と同じように、演劇も、他のスポーツも、食事も、すべては人を楽しませるという観点から見れば、エンターテインメントの「1つのコンテンツ」なのだ。

これらを集結させたエリアに、人を呼び寄せるのだ。

フェンウェイ・パークもリグレー・フィールドも、アメリカの「国定歴史建造物（National Historic Landmark）」に指定されている。

古き良き伝統を受け継ぎ、新たな時代に則した街を創っていく。

フェンウェイ・パークがあるボストンだからこそ、リグレー・フィールドがあるシカゴだからこそ、街の価値はどんどん高まっていく。

第1章で言及したアトランタ・ブレーブスは、その傘下に「Braves Development company」を置き、既存の不動産会社を使わず、自らがマスター・ディベロッパーとして、球場建設もその周辺の開発も行っている。

ボストン・レッドソックスのケースも、球団の親会社である「Fenway Sports Group」は、サッカー・プレミアリーグの「リバプールFC」や、ニューイングランド州に映像配信するローカルスポーツネットワーク「NESN」も保有するスポーツビジネスのコングロマリットともいえる一大グループだが、その子会社に「Fenway Sports Group Real Estate」というディベロッパーを抱えている。

メジャー球団は今や、球団の傘下に「不動産開発業」をメーンとした子会社を置くケースが増えている。球場周辺の開発に自ら乗り出しているのだ。

〝新たな街〟の未来図

前沢は、メジャーの〝最前線のビジネス〟を、自分の目で確かめてきたのだ。

「ぶっちゃけ、知らなかったんですよ、行くまでは。今みたいに説明したみたいな内容まで、そうだと思って行ってなくて、いろんな球団と話していくと、自分たちの思い描いたことは、間違いじゃないんだというのと、ちょっと先行してやっている事例がいくつかあるんだなと。それが自信というか、確信になったというのはありますね」

だから、新球場の候補地として、前沢は「20ヘクタール以上」と指定したのだ。

「だいたい球場だけだと、3・5ヘクタールから5ヘクタールでできるんです」

ちなみに、東京ドームは4・68ヘクタール、甲子園球場は3・85ヘクタールだ。

「じゃあ、なぜウチは5ヘクタールの場所を探さないで、20ヘクタール以上と区切って探したのか。理由は2つです。1つは、この3・5ヘクタールだけ、一生懸命やったって何の意味もない。そのうち、先細りしてしまうのは分かっていたんです。

もう1つ。シカゴ・カブスとボストン・レッドソックスのことですね。球団の歴史は100年以上ありますけど、彼らが今、何をやっているかというと、もともと小さな球場でビジネスをしながら、ここ5、6年の話ですが、周辺の土地を買収し出したんです。街づくりというか、不動産開発業になっているんですよ。最初、その恩恵を彼らは受けられなかったんです。なぜなら、土地を持っていなかったからなんです。結局高くなっているときに周辺の土地を買収していくんですが、それで街づくりをしている。だから、20ヘクタールは必要だねって、20ヘクタール以上の場所を探したんです。

別に誰かが突飛な考えでやっているわけではなくて、必然です。やりこんでいくと、そこへ行きつくと思うんです。これがたぶん、話のすべてだと思うんですけどね」

スタジアム・ビジネスから、これを核とした街づくりへ。

つまり『球場のある街』のグランド・デザインへと、球団ビジネスは広がりつつあるのだ。

第1章で見たように、ソフトバンクが、本拠地の横に演劇やグルメなど、あらゆるエンターテインメントを集結させた〝自社ビル〟を建てたことも、北海道日本ハムが新球場の7倍近い敷地を確保し、その一体開発を手掛けることも、その発想は同じ『源』にある。

その〝夢構想〟を詰め込んだ、1冊のパンフレットをもらった。

「HOKKAIDO　BALLPARK　VISION　BOOK」

表紙に、金色の文字で記されている略称は『HBP』。

詳細なイラストと写真を交えた新球場構想が、40ページにわたって説明されている。その巻末につけられた地図は「FUTURE　VISION」。

つまり、未来図だ。

ポップなイラストは、見ているだけで楽しくなってくる。

「NEW　STADIUM」を囲むように「HOTEL」と「ARENA」。「LIVING　STREET」には、屋台や移動販売車、木のベンチが並び、芝生の上でコンサートやヨガが行われている。

そのストリート沿いにある「SPORTS&MEDICAL　CENTER」には、陸上のトラックと病院。「KIDS　EDUCATION」は幼稚園と小学校だ。

2027年（令和9年）に完成が予定されているJRの新駅の横に「SHOPPING　COMPLEX」。流れる川を挟んだところには「RESIDENCE」の居住空間。「NATURE　ACTIVITY」のエリアではカヌーやフィッシング、スケート場が描かれ、その横には「SPA」がある。

「FIGHTERS　MOUNTAIN」の岩肌を上っていくクライマーがいて、その周囲をサイクリングする若者がいる。

“新たな街”のイメージイラストと「HOKKAIDO BALLPARK VISION BOOK」

「MARKET」には、取れたての野菜や焼きたてのパンが並べられている。
球音と歓声。そして、生活の息吹がある。そこに、暮らしがある。

スタジアムを核とした〝新たな街〟のプランは、ボストンで、シカゴで、アトランタで、今まさに進行中の「メジャー球団の街づくり」と全く同じだ。
この新時代のコンセプトを、北海道に根付かせようとしているのだ。

球場の周辺開発は、2023年（令和5年）から4年ごとに「フェーズ5」まで、20年計画で行う構想になっている。前沢が現時点で描くのは、2028年（令和10年）の開業5年後までのプランだという。
「そこまでは、なんとなく『できるよね』と話しているんですけど、その先はぶっちゃけ分かんないです。我々が今決めることではないし、新しい人たちが自由にやればいいかなと」

だから球場ができても、周辺は未完成の部分が残っていることになる。

「少なくとも、ゴールはないと思います」

時代の流れに応じて、また人々のニーズや嗜好の変化に応じて、街も変わっていく。そのときになって、慌てて周辺の用地を買収して広げようとしても、簡単にはいかないだろう。

だから、最初から32ヘクタール。球場以外に27ヘクタールの土地を確保したのだ。

「僕らがやっていることは、まだ始まったばかりだし、別に成功しているわけでも失敗しているわけでもないから、胸張っていえることは1つもないんですけどね」

前沢はそう謙遜するが、聞けば聞くほど、この〝新たな街〟に、心が躍ってくる。

こんな「球場」ができたら、そして、こんな「街」になったら。

膨らんでいくばかりの「夢」が、人々をぐっと引き付けるのだろう。

ダルビッシュも期待する「ブルペン」

2020年（令和2年）1月29日。新球場のネーミングライツ締結が発表された。

開業まで、まだ3年もある。

球場はまだ、鉄骨での土台と骨組みが見える程度に過ぎない。

不動産総合開発会社の日本エスコンとの命名権契約は10年以上、総額60億円ともいわれる大型契約でもある。

未完成のスタジアムが「エスコンフィールドＨＯＫＫＡＩＤＯ」と名付けられたのだ。

同9月には、ＭＬＢ、ＮＦＬ、ＮＢＡの米3大プロリーグのユニホームやファン向けのアパレルなどを扱うスポーツリテールの世界的企業「ファナティクス・ジャパン」と、２０２１年（令和3年）1月からの12年間という「長期戦略的リテールパートナーシップ契約」を締結した。

同12月には、環境に配慮したクリーンエネルギーを使った移動手段を開発する「ＢＹＤジャパン」とも契約を結んでいる。

北広島市の人口は、２０１９年（令和元年）9月末現在で5万８３７５人。札幌市が１９７万３４３２人（２０２０年9月1日現在）と比べても、その〝格差〟は明らかだ。

それでも、ボールパーク建設による経済効果を年１５０億円と見込んだ北広島市は、スタジアムの底地の固定資産税と都市計画税を10年間免除することを決めている。

土地使用料の免除総額は21億6000万円に上るという試算も出ている。

市の歳入は、2017年（平成29年）度で243億円。街の規模から考えれば、それらの減免額は決して小さくはない。それでも「前向きにやりますよと言ってくれました」と前沢は明かす。

〝新たな街〟への大いなる可能性を見越した地元行政、そして経済界の動きは、早くも活発化しているのだ。

「ちなみに、聞きたいんですけど、どう思いますか？」

前沢がうれしそうに披露してくれた球場の話。そこには、金だとか、用地買収だとか、そういったきな臭い話は度外視した「ロマン」の塊《かたまり》だった。

エントランスは、三塁側に設けるという。

「こうやって、球場があるでしょ」

野球のダイヤモンドを、前沢はホワイトボードに描いた。

左から右への矢印が、三塁側フィールドを指している。

「エントランスに階段はないんですよ。入ったら、正面に、真下のグリーンが見えるんですよ。芝が見えるんです。子供たちがエントランスを走って行って、ここに立って、ここを見たときの感動っていうので、天然芝でやっているというのもあるんです。

そういうのは、野球好きでないと、球場好きでないと分かんないかもしれないけど、だから、ここにはワゴンとか置くなよと。子供たちが走って来て、最初に緑が見える。視界を開かせておくんです。それで、この球場の第一印象を作りたい。それには、ここが階段でも坂でもダメで、走って一直線に行ける。ここが重要なんです。そういう小さいこだわりが天然芝を支えているんです」

リリーフ投手が準備をする「ブルペン」も、外野席フェンスに接した〝オープンスペース〟に設置する計画だ。これだと、観客からもその動きは丸見えだ。チーム戦略上、あるいは投手の集中力を散らさないために、また打球が飛んでくる危険性なども踏まえて、室内やベンチ裏の〝見えないスペース〟に造る球場が増えているのは確かだ。

しかし、これも「外」に出すという。

メジャーだとイニングの合間に、手持無沙汰の投手が、フェンスからせり出している子供たちとキャッチボールをしたりする、のどかな、ほほえましい光景が見られることもある。

こういう〝触れ合えるエリア〟を、残しておきたいのだ。

前沢は球団のトップにも、北海道日本ハムの選手会にもこのプランを説明している。

計画段階だった2018年（平成30年）には、北海道日本ハム出身で、2020年には日本人投手として初のMLBの最多勝に輝いたダルビッシュ有にも連絡し、新球場のブルペンの位置についての賛同をもらったという裏話を明かしてくれた。

「ダルも、野球好きなんです。ここ（外野席の前）にブルペンを造ってやりたいんだといったら『そりゃ、絶対ですよ。そこに造らなきゃだめですよ』って、背中を押してくれました」

外野フェンスの高さも「3・5メートル」と指定したという。

「それは、選手がジャンプして、ちょうど捕れるか捕れないか、くらいになっているんです。塀際の魔術師じゃないけど、そういうプレーって一生語り継がれたりするじゃないですか？　それを5メートルとか適当にやってしまった瞬間、すべては瓦解しちゃうんです。ホントに細部にこだわらないと、ホントに自分たちの言いたいことが伝わらないんです」

そうした、野球好きがうなずき、納得できる〝こだわり〟の部分が、球場のあちらこちらに、ちりばめられているのも面白い。

ゆとりある設計で「密」を防止

2020年（令和2年）、世界を襲った新型コロナウイルス。

コロナ禍の中で、流行語大賞2020の年間大賞に輝いたのは「三密」。

感染予防のため、密集、密接、密閉を避けるという、いわば〝注意事項のフレーズ〟だ。

人と人との間は2メートルの「ソーシャル・ディスタンス」も提唱された。

2020年、プロ野球の観客動員は、本拠地定員の50％が上限だった。つまり、現状のスタジアムだと、人と人との間に空席の1席が挟まる計算になる。

コロナ禍が、2023年（令和5年）までに終息しているかどうかは分からない。今後もこうした感染症が発生する可能性は、なきにしもあらずだ。

そうした風潮に乗っかり、球場計画の中身を不安視する〝外野の声〟が聞こえてくる。

「設計変更はしないのか、っていろいろな人に言われたんですけど、それだって、3万席ある席を、1万5000席売らなきゃいいだけ。1万5000席でやって、最大収益を上げられるときに、1万5000席でやるんですか？　やらないですよね。事業責任がないと、勝手なことを言いますけど、それはやらないですよ」

前沢が強調したのには、きっちりとした〝計画段階での裏付け〟もある。

「もともと、この新しい球場って、一人一人のスペースを、かなりゆったり取ってあるんです。それはなぜかというと、エンターテインメントで、狭いところで人が過ごすと、心がギスギスしてくるじゃないですか？　それがすごくイヤだったんです」

こうした感覚を可視化させるためのデータを、球団で収集したという。

人数が多いと、スタンドにぎっしりと人が入って、球団としては見栄えがいい。盛り上がっている雰囲気も醸し出せる。

札幌ドームの最大収容人員は4万2274人。球団の調査によると、3万2000人を超えると「心理的ストレスを、お客さんに与えてしまうんです」と前沢は説明する。

「お客さんの満足度というのは、ある意味、脈拍とか心拍数で測れると思うんです。観客の声援が大きければ大きいほど、脈拍数とか心拍数も大きくなるというのがデータで出ているんです。それがイコール興奮、満足ということだと思うんです。だから、数は必要だと思うんですが、ある一定の数を超えたときには、今度は〝負の面〟も出るんです」

例えば入場ゲート、退場ゲートでの混雑。あるいは、列の中央付近から、トイレや飲食の買い出しに出ようと、隣の人たちの前の狭いスペースを伝い、頭を下げながら通路に出ていく。そうした小さなストレスが少しずつたまり、いつしか〝限界値〟に達するのだ。

「そのときに、いかにして緩和するか、ということを考えると、やっぱり一人一人のスペースを広くするとか、コンコースを広くするとか、ある種の逃げられる場所を造るというのは必要だと思っているんです。だから、もともとゆとりを持って造っているんです」

5万ヘクタールの新球場は、収容人員3万5000人だが、座席数は約3万席。約5000人は固定座席がなくても、コンコースをぐるぐる回ったり、オープンスペースで飲食をしたり、さらには球場内にできる「温泉」に入ったりと、座っての観戦には、あえてこだわらない形になっている。

さらに、横1列の〝連続座席〟の数を、最大12までに減らした。

現状の札幌ドームだと、多いところで22席になるという。

「そうすると、真ん中から通路に出ないといけないとき、11席です。これを12席にすると、お客さんが出やすくなる。出やすくなるというのは、通路数が多いということ。本来座席にすべきところを、潰しているということなんです。

これはなぜかというと、心理的なストレスを軽減したいというのと、回遊性を高めたいんだけれども、例えばトイレに行くのが面倒だとか、前の人に悪いとか、いろいろあって出ていくのが嫌だとか、いろいろな問題が起こることになるんで、5、6席くらいならいけるだろうと。パッと見て、5、6席くらいなら、なんとなく全員の顔も見えるでしょうから」

その〝ゆとりのある距離感〟を、コロナ禍の前からすでに先取りしていたのだ。

コンサートができなくても、天然芝にこだわる

天然芝の球場。冬は雪深い北海道。

ドームじゃないから、コンサートもできない。イベントも打てない。

札幌ドームだと、地下鉄で10分もあれば、繁華街のすすきのに出られる。

北広島だと、現状では球場から駅まで徒歩15分。そこから札幌まで16分。

ナイター終了後だと、とっぷり、深夜になってしまう。

そうしたデメリットを、周囲は心配する。ある球団の幹部からは「理想は分かります。でも現実問題として、しんどいんじゃないですか?」と危惧する声も聞いた。

第1章で紹介したソフトバンクの事業統括本部長・太田宏昭も「僕なら、天然芝でやらないな」と前置きした上で、前沢の〝意図〟を次のように推察した。

「やろうとしていることはすごいなと思いますし、さらに彼らは、野球に対する思いとかリスペクトが強くて、天然芝にしたいと。でもここ(福岡PayPayドーム)じゃできな

い。ビジネス側からしたらやりたいとは思わない。コンサートとかできないですからね。

でも、メジャーリーグの極東地域リーグみたいなのが仮にできたとしますよね。ハワイにチームがあって、アメリカの西海岸にあるチームが交流戦でやって来て、みたいな話になったとき、じゃあどこを使うかとなると、北海道は天然芝のちゃんとした球場だからと、選ばれる可能性が大きいじゃないですか。そういうことも想像できますし、そういう風に考えれば、合点がいくこともいっぱい出てくるんですよ」

太田の反応を伝えると、前沢は「それは、うれしいな」と何度もうなずいた。

実は前沢も、コンサートやイベントが打てるよう、ある仕掛けを考えていたという。

支柱を立てるところに穴を開け、その上には鉄板を置き、さらにその上に芝生をかぶせておく。そうしておけば、野球を開催しないときやオフシーズンの冬場に、その芝生と鉄板を取り除くことで、ステージを組むことができる。

そうすれば、野球専用の天然芝球場でも、別の用途で稼働させることができる。

「やろうと思ったんです。でも、それだと結構お金がかかる。ここが一個、心残りなんですね。かなり悩みました。ここは太田さんの方が正しいと思いますし、そうだと思うんですけど、そこは変なポリシーなんです。だから、2023年(令和5年)は天然芝でスタートしたけど、5年後には、人工芝になっている可能性だってあるんです」

〝新しい街〟の発展という観点に立てば、天然芝球場を維持し続けることで、支障が起こるかもしれない。そのときは、変えればいい。妙なこだわりは捨ててもいい。

だから、ゴールはないのだ。

『街』も時代に応じて、フレキシブルに動いていくべきなのだ。

イメージできないことには創れない

最後に、前沢がホワイトボードに〝3つのキーワード〟を、横向きに記した。

左から「創」↓「想」↓「実現」。

「創像できることは実現できる。ずっと自分たちに、そして自分にも言い聞かせているんですけど、そういうのも1つのコンセプトなんです。

実現の可否をあれこれ言っているのはだこうだという人がいるんですけど、たぶん、できないと言っている人は『創』にも行ってなくて、その手前で、できるよ、できないよと。なぜなら過去、経験している中で、できるよ、できないよと（言っているから）。だから、イメージもできていないし、クリエイトもできていない。

『そうぞう』できることは実現する、その『そう』は『想』ではなく『創』なんです。クリエイトすることができれば実現する。自分でクリエイトできなくてイメージもできないから、成功するイメージが全く持てないんですよ。

自信がある人、イメージできる人、クリエイトできる人がやるべきなんです。

こんな恋愛みたいな話をしていたら、すごくめんどくさい男だと思われますよね。でも仕事って、それくらい考えないとね」

確かに、その通りかもしれない。

恋愛でも、思いを寄せる相手の心を、思うがままにコントロールなどできるわけがない。もっと仲良くなりたい、この人と付き合いたい、結婚したい。

互いに抱く〝思いのレベル〟でバランスがうまく取れなければ、気持ちが通じたと感じ合える瞬間は、いつまでも訪れることはないだろう。

北海道に〝夢の街〟を創ろうとしているこのプロジェクトも「恋愛論」に通じるものがあるような気がする。

こんなスタジアムを創りましょう。

球場を核にして、一大エンターテインメントのエリアを開発していきましょう。

これまでに前例のないスタジアムを造り上げ、さらに街づくりも「イメージ」として描くことができるのか。

その〃夢〃の予想図を脳裏に描けない人に対して、いくらこのプロジェクトの魅力を伝えようとしても、その楽しみや喜びが湧いてくるはずがない。

『創』に至らなければ、『想』にもたどり着けるはずがないのだ。

前沢らが「創造」した未来図を「想像」できるかどうか。

その壮大なビジョンをつかめずして、このプロジェクトは語れない。


そんなこと、できるのか?

札幌ドームが不満だから、意趣返しのように、札幌から出るんだろ?

そうした外野の声は、木を見て森を見ず。いや、別の森の木を見た議論なのだ。

前沢の説明を聞かずして、新球場の予定地すら見ずして、計画のすべてを分かった気になっていた〃以前の自分〃が、何とも恥ずかしくなった。

私の脳裏にも今、〃新たなる街〃の姿が浮かんでいる。

その『想像図』がなければ、私はきっと、この章を書くことはできなかった。

第3章

「獅子のプリンス」が手掛けるコンテンツ・ビジネス

「球団映像」を制作する意義

試合後のメットライフドーム。ファンがグラウンドに降り立つ

「花形番組」の低迷

プロ野球中継をテレビの「地上波」で見る機会が、めっきり少なくなった。

ただ、そこには「全国放送では」という但《ただ》し書きをつけなければならないだろう。

視聴率の推移を、まずは見ていくことにしよう。

ソフトバンクが無傷の4連勝で巨人を下し、4年連続日本一を達成した2020年（令和2年）の日本シリーズでの数字だ。

11月21日（土）	第1戦	12・3％	（日本テレビ系）
11月22日（日）	第2戦	8・6％	（日本テレビ系）
11月24日（火）	第3戦	9・5％	（テレビ朝日系）
11月25日（水）	第4戦	9・0％	（フジテレビ系）

（※いずれもビデオリサーチ調べの世帯平均視聴率＝関東地区）

日本シリーズはナイター開催のため、全4戦とも午後7時から同9時の「ゴールデンタイム」の間に試合中継を行ったことになる。

この時間は、仕事や学校からの帰宅後で在宅率が高いことから各局も人気番組を編成することが多く、15%を超えると「ヒット作」、10%を切って1桁だと「視聴率が低迷」と呼ばれることになる。

その指標から考えれば、日本シリーズでは「視聴率が取れない」となる。

同じ日本シリーズで比較すると、過去最高は1978年（昭和53年）10月22日に行われたヤクルト—阪急の第7戦で、関東地区の視聴率は45・6%に達している。

ペナントレースの過去最高になると、1994年（平成6年）10月8日の中日—巨人戦。勝った方が優勝という世紀の一戦は、巨人軍監督・長嶋茂雄《ながしましげお》（当時）が「国民的行事」と表現したことで、さらなる話題と注目を集めた。その視聴率は次の通り。

関東地区　48・8%
関西地区　40・3%
名古屋地区　54・0%

さらに、1985年（昭和60年）10月16日、阪神がヤクルトを下し、21年ぶりにセ・リーグ制覇を果たした一戦は、関西地区に限定した数字ながら56・7%、瞬間最大視聴率だと74・6%という、とんでもない数字をたたき出している。

かつては、プロ野球中継といえば「花形番組」だったのだ。

多様化する視聴のかたち

コロナ禍で開幕が約3カ月遅れとなった2020年（令和2年）のプロ野球は、まず無観客でのスタート。感染予防の観点から外出や会食の自粛が叫ばれていた時節柄でもあり、テレビ局サイドでは、プロ野球中継への需要は高くなるという期待も高まっていたという。

ところが、ふたを開けてみると、その数字は思ったほどには伸びなかった。

6月19日の開幕から、日本テレビは巨人戦を地上波で5戦連続生中継した。その視聴率は、試合順に10・7%、7・3%、5・8%、8・9%、7・5%。コロナ禍での〝巣ごもり増〟でも、5戦中4戦が視聴率1桁台しかなかったのだ。

1990年代なら、プロ野球中継の平均視聴率は20%を超えていた。しかし、視聴率が取れないから、巨人と同じグループ会社の日本テレビでも、2020年の巨人戦の地上波中継は、レギュラーシーズンでの巨人主催全60試合のうち20試合しか行われなかった。

その一方で、プロ野球中継が「ローカル」のコンテンツとして、その価値がますます高まりを見せているのも、また確かな事実でもある。

日本テレビの巨人戦開幕は10・7%。しかし、プロ野球の本拠地がある地域での開幕戦の地上波中継は、この数字とは対照的に「高視聴率」をマークしている。

関西地区（巨人―阪神戦）　17・4%（読売テレビ）
広島地区（ＤｅＮＡ―広島戦）　27・6%（広島テレビ）
札幌地区（西武―日本ハム戦）　19・7%（札幌テレビ）
仙台地区（オリックス―楽天戦）　17・6%（ＮＨＫ）
北部九州（ソフトバンク―ロッテ戦）　17・7%（テレビ西日本）

序章でも言及した２００４年（平成16年）の球界再編騒動以降、プロ野球界が「地域密着」の球団経営戦略に舵を切り始めた。

そうした成果が、着実に実ってきたという証拠でもある。

全国中継の視聴率が低迷しているから野球人気が下がっているという、その一義的な見方は、むしろ誤っている。個人の嗜好やスポーツの多様化の中で、全国一律に、国民の誰もが一斉に共感できるという〝マス・コンテンツ〟など、今の時代にはそうそうあり得ないのだ。

だからこそ、なのかもしれない。

一定の金額を支払って、そのサービスを利用できる「サブスクリプション」が定着。プロ野球中継では、そうした動画系の配信サービスの充実が目立つ時代になってきた。

個人の生活リズムや嗜好に応じて、チャンネルも細分化されているのだ。

スマートフォン、タブレット、パソコン。

それこそ時間も場所を問わず、ファンは贔屓のチームの戦いぶりをリアルタイムで、あるいは録画で、存分に楽しめる時代になってきた。

試合開始から試合終了まで、さらにはお立ち台でのインタビューやベンチ裏での監督会見までもが、ノーカットで放送されるようになった。

私も、球場に出向けないときには「DAZN《ダゾーン》」にお世話になるユーザーの一人だ。

気になる試合があれば、チャンネルをザッピング。見ていた試合が終われば、長引いている試合へチャンネルを移動して、試合終盤の盛り上がりをチェックすることも多い。

そうやって試合終了まで見届けたあるとき、ふと疑問に感じたことがあった。

中継の最後に「制作・著作」のクレジットが、画面中央に映し出される。

それが「球団名」なのだ。

どうして映像の「制作」の責任者が「球団」なのだろうか？

テレビ中継なら、球団から放映権を買ったテレビ局が、中継を行うはずだ。そうすれば、試合を映し出すカメラだってテレビ局のものだろうし、中継に携わっているスタッフだって、ほとんどがテレビ局の関係者のはずだろう。

ならば、中継に関するその責任も、ひいては著作権も、テレビ局にあるはずだろう。

さっと思い浮かべただけでも、そうした関係性が推察される。

だから、制作も著作も「球団」というのが、どうしても結びついてこない。

一体、どういうことなのだろうか？

その「疑問」が、今回の取材へと至るきっかけの1つになった。

出版社に提出する企画案を肉付けしようと、球団やテレビ局の関係者に、その仕組みに関して、いろいろと教えを請うていたときだった。

耳寄りな「情報」が飛び込んできた。

西武の「球団映像」の責任者は「髙木大成」だというのだ。

部長　髙木大成

1995年（平成7年）、髙木はドラフト1位指名を受け、慶大から西武に入団した。端正なマスクと、スマートなプレーぶりで「レオのプリンス」の異名を取り、90年代後半から2000年代序盤にかけての〝強い西武〟を支え続けた看板選手の一人でもある。

そのエリートプレーヤーが現役を引退して球団職員になり、今、プロ野球の試合中継という「コンテンツ」を掌握する責任者になっているというのだ。

プロとしての実績、その経歴、引退後の転身、そして今。

歩んできた道のりと現状との〝ギャップ〟を見ても、これほど興味を引く存在もいない。

西武の本拠地があるメットライフドームエリアの大規模改修に関しては序章で詳述したが、その中の1つとして、球団事務所の機能が集結した「西武ライオンズ　オフィス棟」が2019年（令和元年）6月に竣工、同7月24日から稼働していた。

西武鉄道「西武球場前駅」の改札を出て、メットライフドームを正面に捉えると、その右手に位置している。

レンガで飾られたアーチ型の入り口が目を引く。

球団の執務室となる2、3階部分はガラス張りで、デザイン的にも実にスタイリッシュだ。

エントランスを入ると、白い獅子のペットマークが掲出されていた。

ライオンズの〝本丸〟を訪問しているんだな、という妙な実感を胸に、ミーティングルームでしばらく待たせてもらっていると「お待たせしました」。

スーツ姿の高木は、現役時代を彷彿させるスマートさだった。

「事業部　部長　メディアライツグループ」

差し出された名刺の肩書から、その〝重責〟がうかがい知れる。

高木は、西武ライオンズの歴史にその名を刻むスター選手の一人だ。

神奈川・桐蔭学園高3年時の1991年（平成3年）夏の甲子園では、強打の捕手として一躍、プロのスカウト陣が注目する存在になっていた。

捕手としては珍しい「1番」に座ると、甲子園での3試合で11打数6安打4打点。ちなみに「3番・右翼」で活躍した1年生が高橋由伸《たかはしよしのぶ》で、高木と同じ慶大に進学。巨人の主力

株式会社西武ライオンズ　事業部部長メディアライツグループ、髙木大成

打者として活躍し、現役引退後には巨人監督も務めるまでになる。

桐蔭学園は3回戦敗退ながらも、髙木は大会後に高校選抜チームに選出され、主将も務めている。そのとき、星稜高2年生だった元巨人の主砲で、メジャーのニューヨーク・ヤンキースでも活躍した「ゴジラ」こと松井《まつい》秀《ひで》喜《き》も、髙木と同じ選抜チームの一員だった。

東京六大学の名門・慶大に進学すると、1年秋にリーグ戦と明治神宮大会を制覇。

3年時には日本代表メンバーに選出され、広島アジア大会決勝では決勝2ランを放ってアジア制覇に貢献。4年時には慶大主将も務めた。

1995年のドラフト1位指名で西武に入団すると、その打力を生かすべく捕手から一塁にコンバートされたプロ2年目の97年（平成9年）に130試合、翌3年目には134試合に出場。2年連続でのリーグ優勝に「3番・一塁」の不動のレギュラーとして大きく貢献している。

「守備のベストナイン」と呼ばれるゴールデングラブ賞を一塁手で2回獲得、オールスターにも3度出場している。

プロ10年間の通算成績は打率・263、599安打、56本塁打、319打点。時系列で追っていくだけでも、高木のキャリアの華やかさと充実度が見て取れる。

そんなスタープレーヤーにも、必ず引退を迫られる時期が訪れる。

「もちろん、指導者とかスカウトにも、非常に魅力を感じていました。引退した後は、そういうことをできればいいな、と考えてはいましたけどね」

その将来像は、イメージしやすい。多くの先輩たちの前例もある。

しかし、そこへ一直線に向かうことに、迷いも感じ始めていたという。

現役時代から抱き続けていた〝違和感〟が、高木のセカンドキャリアの原点になる。

強豪チームなのに「5位」

1978年（昭和53年）10月。福岡を本拠地とした「西鉄ライオンズ」の流れを汲む「クラウンライターライオンズ」を買収。本拠地を埼玉・所沢に移転して「西武ライオンズ」の新たな歴史がスタートした。

名将・広岡達朗《ひろおかたつろう》のもと、3度のリーグVと2度の日本一を達成。続く知将・森祇晶《もりまさあき》は9年間でリーグV8度、日本一6度という偉業を成し遂げた。

野手なら、秋山幸二《あきやまこうじ》、清原和博《きよはらかずひろ》、辻発彦《つじはつひこ》、石毛宏典《いしげひろみち》、伊東勤《いとうつとむ》、オレステス・デストラーデ。

投手なら、工藤公康《くどうきみやす》、渡辺久信《わたなべひさのぶ》、郭泰源《かくたいげん》、渡辺智男《わたなべとみお》、石井丈裕《いしいたけひろ》。

個性豊かなプレーヤーたちの名前を挙げ出したら、それこそキリがない。

80年代から90年代にかけてのプロ野球界を、西武は席巻していた。

黄金期を引き継ぐ形で監督に就任した東尾修《ひがしおおさむ》は、2年目の高木を捕手から一塁へコンバート、持てる能力をさらに開花させるなど、巧みなマネジメントで1997年（平成9年）、98年（同10年）に2年連続のリーグ制覇に導いている。

98年には、横浜高のエースとして甲子園の春夏連覇を果たした「平成の怪物」こと、松坂大輔がドラフト1位で入団。4年ぶりのリーグ優勝を果たした2002年（平成14年）には、松井稼頭央《まついかずお》（現西武2軍監督）が打率3割（.332）、30本塁打（36）、30盗塁（33）の「トリプルスリー」を達成した。

かつての名捕手・伊東勤（現中日1軍ヘッドコーチ）が監督を務めた2004年（平成16年）

には、レギュラーシーズンでは2位ながらクライマックスシリーズ（CS）を勝ち上がり、中日との日本シリーズも制して〝下克上〟での日本一に輝いている。

高木が現役生活を送った10年間、西武はすべてAクラス。リーグ優勝4度、日本一1度。勝者の歴史を刻み込み、球史に残るスタープレーヤーも多く生み出してきた。

そんな強いチームなのに、本拠地の観客席にはなぜか、いつも空席が目立っていた。

「選手時代、ずっとAクラスを確保した強いチームであって、それなのに、観客動員数が減少傾向にあるといった状況があったんです。その間には、松井稼頭央みたいなスーパースターが生まれたり、松坂大輔が入ったりだとか、1回目のライオンズの黄金期の後、東尾監督のもとでやっていて人気が出ているはずなのに、お客さまが減ってきている。なぜなんだろうというのを感じながら、プレーしていたというのはありましたね」

高木が、初めて優勝の美酒を味わった1997年、西武の観客動員は144万7500人。この数字はパ6球団で「5位」に相当する。

主催68試合での1試合平均は2万1300人で、その年のソフトバンクの前身・ダイエーは同3万4400人を数えていた。

球場のキャパシティの違いに加え、当時は実数発表ではなかったことを踏まえても、優勝球団なのに、観客動員では〝大敗〟だ。しかも、連覇を果たした1998年は、前年比6万3000人減、1試合平均だと600人の減少となった。

松坂大輔がルーキーイヤーの1999年（平成11年）、183万4000人に跳ね上がるが、その翌年から髙木が引退する2005年（平成17年）までの6シーズン、観客動員は減少する一方だった。

実数発表となった2005年、110万3148人。

その年から、ダイエーを買収して球界に参入したソフトバンクが211万5977人。ソフトバンクの半分程度に過ぎない。しかも、同じパ・リーグで西武より観客動員が少なかったのは、その年に新規参入したばかりの東北楽天だけだった。

どうして、球場に来てもらえないんだろう？

西武は、そんなに魅力のないチームなのか？

髙木の「疑問」は、プレーヤーとしての経験を積み、プロ野球界というものが見えてきたからこそ、よけいに大きくなっていった。

「西武グループで働いてみないか？」

高校時代に甲子園出場、そして名門・東京六大学でプレー。

高木は、アマ球界のエリートコースのど真ん中を歩んできた。しかも、ドラフト1位での入団で、プロ生活でも確かな実績を残している。

こうした高木のような選手は、球団でも「幹部候補生」と呼ばれる。

引退後、コーチや指導者として実績を積んだ後に、監督としてチームを率いる。

知名度十分、生え抜きのスターが監督になる。それがプロ野球界の理想形でもある。

高木には間違いなく、その〝資格〟があった。

ところが、戦力外通告を受けた高木は現役引退後のキャリアとして「西武グループで働いてみないか？」という打診を受けた。

そのとき、喉に引っかかった魚の小骨のように、高木の心の中で、ずっと違和感を生じさせていた出来事があった。

2004年（平成16年）、プロ野球界に巻き起こった「球界再編騒動」が原因だった。

「稼ぐのは会社」に疑問

序章で述べてきたように、1リーグ・10球団への縮小を検討していた経営者サイドは近鉄・オリックスの球団合併に続いて〝もう一組〟の合併を模索していた。

ダイエーとロッテ、ダイエーと西武、西武とロッテ。

あらゆる〝第2のマッチング〟が取り沙汰されていた。

つまり合併球団を2つ作って、12から10へ縮小する。その1案として「西武」をどこかと合併させることも、視野に入っていたという。

2004年（平成16年）7月7日のオーナー会議で「もう1つの合併が進行中」と発言したのは、当時の西武オーナーだったことも、大きな波紋を巻き起こした。

当時、現役選手だった高木は、その〝水面下での動き〟に、心をかき乱されていた。

「2004年のバファローズの合併問題。やっぱり、大きかったというのはあります。10球団にして1リーグ制みたいな報道がありました。選手として『西武はどうなるんだ』と不安を感じたことがあったのは事実です」

当時の西武も、スポーツビジネスを展開する組織体系とはいえない〝旧態〟だった。

球団はチームの管理に特化し、営業などはすべて、西武鉄道の子会社にあたる「西武レクリエーション」が掌握していた。

つまり、選手管理と球団経営で、機能が完全に分かれていたのだ。

稼ぐのは会社の仕事。俺たちは野球だけやってればいいだろ。

そんな認識が、かつての野球界にはまかり通っていた。

野球とビジネスは、完全に〝別物〟。どうしてこんな組織形態になっているんだろう。

これでは再び、２００４年の悪夢が襲ってくるかもしれない。

その疑問と危惧が、高木の新たな選択へとつながっていく。

「シンプルに、これだけ面白い、魅力のあるチームなのに見てもらえない。なんでなんだろうといったところから、じゃあ（チームと事業の）両方をのぞいてみないと分からないという感覚だったんです、最初は。32歳で引退したんですけど、年齢から考えると、事業の方を一から始める、サラリーマンとして一から始めるには、32歳はギリギリかな、と。せっかくそういったチャンスを与えてもらったんだったら、トライしてみようかと」

しかも当時、球団にはプロパーの社員がいなかったという。

球団職員は、すべて西武グループからの出向社員。だから高木も当時、西武グループのリゾート事業を手がけていた「コクド（現プリンスホテル）」に入社、そこから球団へ出向した。

組織体系が変わった現在も、高木は「プリンスホテル」からの出向となっている。

現役引退後、西武の社員へ。プロ野球選手から、サラリーマンへの転身だ。

「入ったら、ペーペーです。ホント、新たな挑戦でした」

髙木ならそれこそ、引退直後に2軍監督になり、チームを率いる経験を積み、1軍監督に昇格するといった、指導者としての王道も歩めたはずだ。

なのに、そのエリートプレーヤーが選んだのは、かつての「ドラフト1位」という看板など、全く通用しないビジネス界の方だった。

球団保有が経営再建の求心力に

球界再編騒動、12球団制維持、ソフトバンクのダイエー買収、楽天の新規参入、オリックス・バファローズという合併球団の誕生。

こうした新たな動きの中で、西武球団は〝動揺〟が続いていた。

球界再編の嵐が収まりを見せようとしていた2004年（平成16年）10月。

西武鉄道の株式に関し、グループ企業が保有する株の比率を有価証券報告書に虚偽記載していたことが明るみになり、球団の親会社にあたる西武鉄道は上場廃止となった。

当時、球団の赤字額は「年間20億円」ともいわれていた。

グループ全体の再編、経営再建が急がれる中、巨額の赤字の垂れ流しは見逃せない。「球団売却へ」の見出しが、スポーツ紙だけでなく、一般紙の経済面にも並んだ。

水面下では、グループ再編前の親会社だったコクドが、10社以上に球団の売却を打診していたとも報じられていた。しかし年間の赤字額や、都心部からは1時間近くかかる本拠地・所沢へのアクセスなどが問題視され、いずれも売却は成立しなかったという。

最終的に西武グループとして球団保有の継続を決断したのは、日本で「12」しかないプロ野球球団を保有していることがグループ全体の一体感とプライドを生み、ひいては経営再建への求心力となることを期待してのことだった。

そのためには、西武グループの「シンボル」としての価値をさらに高める必要があった。球団と鉄道、球団とホテル、球団と商業施設といった、持てる「ハード」と「ソフト」を組み合わせることで「シナジー効果」を生む、その〝触媒〟にならなければならない。

「昔は、親会社の広告媒体だったと言われることが多かったんですよね、プロ野球というのは。それが1つの会社として、しっかりと自分たちの足で立っていこうと。プロ野球の流れもそうなっていた。それができないと、2004年の話に、またなってしまうというところはあるんです」

高木が、球団ビジネスの世界へ足を踏み入れた時期は、その〝転換期〟だったのだ。

「ファンを増やそう」

2006年（平成18年）4月、高木は「営業部ファンサービスチーム」に配属された。その2年後に「事業部プロモーションチーム」に異動する。

「とにかく『ファンを増やそう』って言われましたね」

集客への苦闘は続いていた。

2007年（平成19年）の観客動員数は109万3471人。前年から約10万人の大幅減で、12球団中でも最下位という屈辱の数字となった。

その年、西武ホールディングス傘下の別会社が担っていたファンクラブの運営に関する機能を球団に吸収し、観客動員のさらなるアップを図るという組織改革も行った。

事業部のアイディアから生まれた「大人向けのファンサービス」は、高木が現役時代の背番号「10」のユニホームを着て、ノックを打つのが目玉企画だった。

「サラリーマンナイト」と銘打たれ、平日の試合後、グラウンドにファンが下りて、内野フィールドに立つ。

高木のノックを受けて、一塁へ送球する。1球限定、しかもグラブは各自の持参だった。だから、仕事終わりのサラリーマンは、仕事場にグラブを持っていき、仕事終わりに球場へ来て、試合後にノックを受けていたというわけだ。

試合後にもかかわらず、2500人が参加するなど、大きな反響を呼んだ。

女性限定の野球体験や、夏休みの子供たちがグラウンドキーパーやアナウンスの実地体験をするというイベントも行われた。

その「体験型イベント」が西武の名物となった。

夏休み明けの埼玉県内の小・中学校で、ドームでの職業体験を記した日記やレポートが激増するという、仰天のエピソードも生まれたという。

2008年（平成20年）に、観客動員は〝12球団ワースト〟から、一気に30万人近くも増え、141万3583人に上昇。さらにこの年、グループ企業が担っていた興行権、広告、スポンサー、売店営業などの事業を集約することで、球団経営の一本化を図った。

選手は球団、興行は西武鉄道が管理していた時代には、例えば球団側がイベントを企画する場合、西武鉄道側に稟議書を回して承認を取る必要があった。

しかし、球団ビジネスとはシーズンの半年間で1年の収入を得なければならない。物事を決め、それを実行する際の「スピード感」は、球団経営において何よりも重要だ。

本拠地の西武ドーム（当時）も親会社の西武鉄道が所有し、その子会社にあたる西武ライオンズが運営・管理を行う形は、球団による事実上の「球場保有」でもある。

球場を活用したビジネスを展開していくことで、自分たちの手で稼ぐ。

本格的な、そして本気の「球団ビジネス」に乗り出す態勢に入った証左だった。そして高木の存在は、現場と会社の両方を知る〝蝶番《ちょうつがい》〟の役割になっていく。

その「元選手としての視線」と「会社としての見解」がぴたりと重なり、高木がいたからこそ、事がうまく運んだ一例がある。

選手視点から〝ベンチ移転〟に関与

メットライフドームでは、ホームの西武は三塁側ベンチに陣取る。

日本の野球界のスタンダードは、ホーム＝一塁側。全く逆なのだ。

セの6球団はすべて、パでもソフトバンク、オリックス、ロッテは一塁側だ。

西武と東北楽天、さらに北海道日本ハムは三塁側を使っている。

西武の〝移転〟は２００９年（平成21年）のことだった。

実はそこに、1回目のドーム改修工事に伴う「プロジェクトチーム」のミーティングで出たアイディアが、全面的に反映されていた。

序章でも言及したように、メットライフドームはかつて、売店やレストラン、グッズ売り場など、ファンの集まる施設が、主に三塁側後方に集結していた。

一塁側に陣取る西武ファンは、事あるたびに一度球場の外に出て、三塁側のゲートから再入場する必要があった。

その〝手間〟が、ファンサービスの点から問題視されていたという。

これは、構造上のジレンマだったという。

「グラウンド近くのいい席ほど、これは構造上なんですが、トイレやレストランに行くのが遠かったんです。いちいち階段を上って、スタンドの上の方まで行かないといけない。いい席の方に対するサービスの提供を、しっかりとしていかないといけないという話をしていたんです」

高木も、そのプロジェクトメンバーの一員だった。

当時、観客数がやっと伸び始めたところだったが、問題はビジター球団のファンの動向によって、観客動員数が大きく左右されることだった。

ソフトバンク戦や同じ関東圏のロッテ戦などでは動員が見込まれるが、オリックスや北海道日本ハムの場合、それぞれの本拠地が所沢から遠い上に、人気面でもやや弱く、三塁側ベンチの上には、どうしても空席が目立っていた。

ところで、試合中継の映像で打ったボールを追うカメラは、基本的に一塁側ベンチ付近に据えられたカメラなのだという。

そうすると、一塁側から撮る映像の背景には、必然的に三塁側が映る。

ビジターサイドからのショットには、どうしても多くの空席が映ってしまう。

「どうしても当時は、ビジター側のファンが少ない環境だったんです。ライオンズ側は埋まっているのに、反対側が埋まらない。でも、一塁側から撮る映像が、どうしても多くなるんです。選手の背景として、盛り上がった映像が欲しいなと思ったんです。じゃあ、三塁側をホームにすればいいんじゃないですか、という意見も出ていたんです。

あとは、サービスが基本的にレフト側が中心だったんです。そうすると、両方のことを考えたら、三塁側の方がいいのかなと。盛り上がってる感も出せるのではないかと思ったんです」

そこで髙木を含むプロジェクトメンバーたちは、現場にこうした理由を含めての〝ベンチ移転話〟を持ちかけたという。

ここで、選手としての経験が生きてくる。

西武の勝利後の特色は、バックネット裏の観客席中央にある階段を選手が上がっていくときに、ファンと握手やハイタッチを交わすという『ビクトリーロード』の演出にある。

その先に、西武の選手用ロッカールームがある。

選手たちは、そこで着替えたり、試合前の準備をしたりする。

たいていの球団は、ベンチ裏からそのままロッカーにつながっている。当時の西武は、球場の構造上、一塁側にそのスペースがなかったのだ。

一方で、ビジター球団の三塁側ベンチ裏には、試合後にシャワーを浴びて、そのまま帰路につくケースがあるため、選手用のロッカー室が完備されていた。

普段のロッカーに加え、ベンチ裏にもロッカーがあれば、さらに便利なのだ。

髙木は、現場を口説く際に、その〝ロッカーがある広い三塁側〟を強調したというのだ。

こうしたあたりが、使用した実感をつかんでいる元選手の強みだったりする。

ちなみに、このときの改修に伴い、一塁側のロッカーも新たに設置されている。

この〝ベンチ移転〟が、後に髙木が「中継映像」を統括するポジションについてから、大いにその効果を発揮するようになろうとは、思いもよらなかっただろう。

一生懸命に取り組んだ仕事は、どこかで、何か、つながってくるものなのだろう。

元プロ野球選手がホテルマンに

2度目の「転機」は、２０１１年（平成23年）に訪れた。

球団で5年間の実務を積むと、出向元のプリンスホテルへの〝異動〟が決まった。

高輪、品川という、ホテルの超激戦区のマーケティング戦略を担当することになる。

「24時間、３６５日営業。高輪、品川の大きなところに配属になり、毎日が緊張の連続でした」

個人客を対象とした宿泊・レストランの商品企画と、そのプロモーションが担当だったとはいえ、催事やイベントの際には、高木もオペレーションに入ったという。

クリスマスディナーショーの際には、シルバーのコートを着て配膳を行い、客の誘導も行った。スプーンやフォークをピカピカに磨き、業者から納入されたおしぼりをビニール袋から出すと、ホテル仕様に巻き直したりもした。

現場を支える地味なルーティンの中に、ライオンズのかつてのスター選手が混じっているなんて、誰も想像できないだろう。

元プロ野球選手が、その〝地道な仕事〟に耐え切れなくなる例を、これまで私も何度となく見てきた。それだけに、高木の覚悟と意志の強さを感じる。

「改革というところだけ考えると、苦労されているところとか、かえって知らなかった方がよかったりするじゃないですか。もちろん、そういった苦労もあって、だからそういう形にしようよ、というのはありますけどね」

会社側の苦労も分かる。現場の思いや選手の心も理解できる。

プロ野球ビジネスで、その〝両方の言語〟に習熟していることは、高木大成というビジネスマンにとっては、最大の武器になるのだ。

「プリンスホテルから再び球団に出向となったときには、ある程度、1つのものはできていましたね。私の上司だった方、私に『ビジネスマンとして一から学んでこい』と言われた方なんですが、その方が中心となって売上とコストのところを、球団に集約することをやられた。営業黒字を出してからプリンスホテルに戻られたんです」

2017年(平成29年)に、高木は球団に復帰。翌18年(平成30年)から、現在の「メディアライツグループ」に、活躍の場を移すことになる。

〝ライツビジネス〟に乗り出したパ・リーグ

2007年（平成19年）、パシフィックリーグマーケティング（PLM）が設立された。パ・リーグの全6球団が出資し、各球団から出向者も出している。

まさしくパ6球団が一体になってのビジネス展開だ。ちなみに、セの6球団によるこうした〝共同システム〟は、2020年（令和2年）の時点でも、まだ存在していない。

パ6球団の球団HPは、統一した様式になっている。

また、インターネットでの映像配信に関しては、球団ごとではなく、PLMが一括して放映権を管理している。

こうした動きの中で「コンテンツ」の重要性が共有されていくのだ。

球団が、野球という「コンテンツ」を掌握し、ビジネス活用していく。その当たり前の〝ライツビジネス〟に、各球団が着手したのだ。

それまで球団は半ば、映像に関してはノータッチともいえた。

テレビ局に「放映権」を販売する。

そうすれば、テレビ局がスタッフを出し、カメラを配置し、中継車を球場に持ってくる。

アナウンサーと解説者が現場へ来て、その映像に声を乗せて放送する。

巨人戦の中継権は、1試合1億円を超えた時代もあった。セの各球団は、これが命綱ともいえた。

再編騒動のときに、そしてセ・パ交流戦が浮上するたび、その分け前に与《あずか》ろうとしたのが、かつてのパであり、その既得権を守ろうとして反対したのがかつてのセだった。

その〝昭和のビジネスモデル〟は、崩れつつあった。

「パ・リーグはテレビ中継も少なかったですし、見てもらえる機会が少なかった。だからPLMを作って、みんなでやっていこうよと。やっぱり、相手あってのプロ野球。地上波だけなら、正直言って苦しい。みんなで一緒に築き上げていこうというのが、テレビ業界の方々ともマッチしたというところはありましたね」

高木も、ビジネスの最前線でその厳しさを実体験してきたからこそ、時代の変化と、そのスピードの速さを、ひしひしと感じていた。

「球団映像」をテレビ局に売る

西武が「球団映像」に着手したのは2008年(平成20年)のことだった。

文字通り「球団」が「映像」を制作するのだ。

西武の場合は、球団が映像を扱う会社に業務委託を行っている。

この中継映像をパッケージとして、球団からテレビ局に販売するのだ。

多チャンネルとなった今、この「インハウス・メディア」がスタンダードになっている。

つまり、放送する権利だけではなく、球団が自ら制作した映像も放送局に購入してもらう仕組みになっているのだ。

テレビ局にも、メリットが大きいという。

まず、中継に携わるスタッフを出さなくていい。映像を買うことができれば、試合前から試合後のインタビューまで、試合に関するすべての映像が揃っているのだ。

テレビ局にしても経費節減の上、重要なコンテンツは届けられる。

球団にすれば、この「球団映像」を販売することで収入を確保できる。テレビの制作会社に業務委託するそのコストを引いても、十分な利益が上がるのだ。

髙木は「球団映像」の管理、そして商談にも携わっている。

試合後には、中継映像に関する反省を兼ねたミーティングでも、中心は髙木になる。

「ここ、こういう感じにしたらどうですかね、と反省会などをやっています。映像の最終的な責任は我々なので、毎試合、映像と音声チェックには携わっています。技術的なところはプロに業務委託してやってもらっています」

この「球団映像」は、アレンジを加えて、多種多様なニーズに応えることができる。

贔屓チームに合わせて映像をアレンジ

地方局の応援番組的なケースを例に取ってみよう。

西武対ソフトバンクの一戦が、メットライフドームで行われる。

これを、福岡のローカル局が中継したいと、西武の球団映像を購入するケースだ。

球団映像なので「若干、チームびいきにしているんですけどね」と髙木。

つまり、実況は地元・埼玉や関東圏のアナウンサー、解説は西武OBが中心になる。

球団自身が、球団の映像を作るのだから、西武に肩入れしたテイストになっているのは当然だ。主な顧客が西武ファンであるのだから、当然のことだろう。

これを、福岡風にアレンジするのだ。

実況アナウンサーと解説者、さらにカメラ1台とこれを稼働させるスタッフだけ、メットライフドームの試合にやって来る。

ビジターチームは、一塁側ベンチに陣取る。

このベンチでの様子を追うことに特化したカメラを、三塁側に配置しておくのだ。ライオンズびいきの球団映像では、一塁側から狙った三塁ベンチの風景が、たびたび映される。つまり、ライオンズの選手の表情やベンチの動きを、試合中に見せるのだ。

しかし、この映像は、福岡のホークスファンには不要だ。それどころか、ホークスが失点して、ライオンズが得点を挙げて沸くシーンなど、むしろ反感を招きかねない。

そこで、球団映像で、ライオンズのベンチに映像が切り替わったとき、福岡向けには即座に、三塁側に設置した〝特設カメラ〟の映像に切り替える。

そうすると、ライオンズの球団映像でありながら、ホークスのテイスト満載の中継映像が出来上がるというわけだ。

現場に実況、解説者が行かなくても、映像さえ送られてくれれば、福岡であろうが、札幌であろうが、人が動かなくとも「声」は入れられる。

「例えば、ウチにカメラ1台、別にお願いしてもらって、ホークスびいきのカメラを1台出せるよ、というのはできるんです。その分だけの費用を出していただければ、全然できることなんです。誰も来なくてもできるパターンになりますね」

高木が言うように、ビジター球団用の映像もパッケージとして作ってしまえば、アナウンサーや解説者は、地元でその中継映像を見ながら、話すことができる。

それを、放送すればいいだけだ。

その分、値段は高くなるが、人件費や移動費、さらにコロナ禍の状況下で、多くの人員を出張させることができないという事情など、感染防止対策の面から考えても、これほどリーズナブルで、合理的な方法もないだろう。

テレビの「ニュース映像」も、この「球団映像」がベースになっている。

ホームランを打った場面や勝利を決めた印象的なシーンなど、スポーツニュースで使えそうな映像を数十分にまとめたものをセットにし、希望するテレビ各社に販売する。

その中から「一日何分までなら自由にお使いください」というプランで契約するのだ。

以前なら、テレビ局からカメラ1台とスタッフが来て、ニュース用の映像を撮っていたという。これを、球団から配信できれば、テレビ局側にとっても、経費節減ができる。

「あるところまでは、利益率も高いビジネスではありますね」

まさしく、ウィンウィンの関係だ。

コロナ禍での開幕となった2020年（令和2年）6月の試合中継でも「もともとの考

えていた予算まではいかないですけど、本数としては、それに近いくらいまではやってもらえました」

スタッフが動けない。それでも「球団映像」を購入できれば、試合中継はできる。

コロナ禍だからこそ、この「コンテンツ・ビジネス」がより脚光を浴びたのだ。

映像技術をライブやイベントに応用

実際、メジャーリーグ中継では、現地の中継映像を見ながら、国内で日本語の実況と解説をつけて、放映するケースがもっぱらだ。

このパターンなら、応用はいくらでも利く。

だからこそメジャーでは、自分たちのテレビ局すら開設している球団もある。

第1章で言及したソフトバンクも、本拠地・福岡PayPayドーム横に建てたエンタメビル「BOSS E・ZO FUKUOKA」の中にスタジオを設置している。

試合中継の後にそのまま、そのスタジオからホークスに特化した番組も放送している。

「スタジオを作れば、CMも作れますし、テレビ局1個、あるようなものなので」

高木の説明には、うなずかされるばかりだ。その〝活用形〟もいくらでも生み出せる。

「メットライフドームですと年に数十回、コンサートなどのイベントがあったりします。これからの時代、映像配信というのは当たり前になってくると思うんですね。そういうときに、球団で請け負うことができるようになるかもしれないですね」

スタジアムからの中継のノウハウは、十分にある。

大勢のスタッフが来場しなくても、西武球団が中継を引き受けることができる。

序章で言及したように、西武は2021年（令和3年）のシーズン開幕に合わせ、3年をかけ、本拠地のあるメットライフドームエリアの大規模改修に乗り出していた。

「Lビジョン」と呼ばれるセンター奥の大型ビジョンも、これまでの2倍に面積が広げられた。高さ13メートル、面積は約600平方メートル。バックネット裏にも幅10・2メートル、高さ5・6メートル、面積約57平方メートルのサブビジョンも設置される。

迫力を増す映像や音響での演出は、場内各所に設置される「デジタルサイネージ」とも連動している。

例えば、西武の選手が本塁打を放てば、球場内のどこで何をしていても、ホームランを打ったときの映像演出が流れるため、その興奮を逃すことはないというわけだ。

こうした映像関連のハード面を充実させていくことは「スタジアム・ビジネス」をさら

に展開していくためには、不可欠の要素でもある。

ドームを活用したアーティストのライブや企業のイベントで、大きなビジョンやクリアな音響装置は、むしろ野球のときよりも重要視されるのだ。

球団だから、ドームでは「野球」と限定しなくてもいいのだ。

池袋駅で試合中継

野球という「コンテンツ」を、球団が握る。

この〝当然のコンセプト〟が、20世紀の球団ビジネスには皆無だったのだ。

例えば、過去のスーパースターたちの映像や、過去の優勝シーン。

こうした名場面の映像をつないで、試合前や試合中に、センター後方の大型ビジョンで流したいと企画しても、これまでの球団には、そうした「アーカイブ」の映像がなかった。

つまり、映像を押さえていたテレビ局に、自分たちの映像を借りなければならなかった。

簡単に見つからないケースもある。しかも、自分たちの映像をお金を出して借りる。

何とも、おかしなことが起こるのだ。

しかし「球団映像」という仕組みであれば、その映像は球団のものだ。

そのソフトは、いくらでも価値を生んでいく。

鉄道という「インフラ」と絡めれば、いくらでも活用法が出てくる。

高木が引き合いに出して説明してくれたのは、電車の開閉ドアの上に設置されている「デジタルサイネージ」だった。

「ああいうところの広告にも、試合映像を使ってもらう。例えば、スポンサーになっていただいている企業のCMを作ったりするときに、ライオンズの映像を使ってもらうんです。もし球団が試合映像を持っていなかったら、テレビ局さんから買い取って、スポンサーの方々に提供することになる。制作費を含めると、すごく高くなりますよね」

その「球団映像」を活用した、新たな〝試合中継〟にも乗り出している。

西武池袋駅東口の改札へつながる通路の上部に、4面のパネルが4セット、計16面・55インチのデジタルサイネージが設置されている。

このビジョンと、メットライフドームのセンター後方の大型ビジョン「Lビジョン」の映像とを連動させたのは、2020年（令和2年）9月22日から24日の北海道日本ハムとの3連戦でのことだった。

コンピューターのネットワーク会社「シスコシステムズ」と提携し、先発メンバー発表時の映像や、西武の選手がヒットや本塁打を打った際の演出映像、さらには試合中継の映像もそのまま、池袋駅の大型ビジョンに流れたのだ。

つまり、池袋駅に居ながらして、試合の雰囲気をそのまま楽しめるのだ。球場外の電子看板でこうした試合映像を放映したのは、12球団でも初の試みだった。これを一日約260万人が利用するターミナル駅で流すのだから、露出効果は大だ。

「コンテンツとして、選手が活躍しているシーンは一番ですからね。それを自前で持っているので、いくらでも作りようがあるというところです。グループ会社に鉄道会社がある強みを生かして、鉄道のインフラを使って、試合をリアルタイムで映すこともできるんです」

しかも、「シスコシステムズ」は、池袋駅での中継が行われた日本ハム3連戦で、BSでのテレビ中継のスポンサーでもあった。

スポンサー企業にとっても、自社の技術力の大きなアピールになる。

「テレビ局としてもうれしいし、当社としてもうれしい。今後は、試合映像の放映権の販売の1つの例ができたかなという感じはありますね」

高木が指摘するように「野球」という「コンテンツ」を生かしたビジネスは、さらなる可能性を秘めているようなのだ。

「BS、さらにCSがあって有料でテレビを見るような環境にお客様がなってきて、選べるようになってきたというところは、テレビ局にしてみても、コンテンツを増やしていかないといけない。そういうところに、マッチしてきたと思います」

そのために、西武は3年をかけ、メットライフドームエリアを大幅改修してきたのだ。そこには髙木が管掌する「球団映像」が〝撒き餌〟の働きとなっていることも見逃せない。

池袋駅に設置された大型ビジョン。試合の模様も流れる

「あの球場って雰囲気がいいよな、楽しそうだなと思ってもらえること。それが来場につながりますからね。楽しそうだという雰囲気づくり。だから、中継映像ってすごく大事なんです。野球をしっかりと見せるというのが大前提ですけど、プラス、やっぱり球場の雰囲気、価値、リアルの良さですね。コンサートの映像を見たら、やっぱり実際に

行きたくなるじゃないですか？　その両輪を回していくというのが、中継映像としては大事かなと思っています」

映像から伝わる楽しさが、ドームに来れば2倍にも、3倍にも膨れ上がる。

その〝わくわく〟を増幅させる仕掛けを、映像にも、ドームにも埋め込んであるのだ。

夢を与えるビジネスマン

プロ野球選手の「セカンドキャリア」は、長年の課題でもある。

「2005年に引退して、もう15年近くが過ぎましたけど、すべてが初めて、初めてという経験で、ホントに時間があっという間に過ぎてしまったというか、ただただ走っているというだけでしたね」

球団に残る元選手は、スカウトやコーチといった現場サイドや、小・中学生に野球を教える「アカデミー」のコーチを務めるなど、野球が主となる仕事につくケースが大半だ。

高木によると、西武球団でも「事業系では私だけしかいない」という。

「選手のセカンドキャリアという部分では、感じている部分はあります。私が今、球団にいますけど、選手を終えた後、使えるのかどうか、見られていると思うんです。まだ（期待に）応えられていないなというのは、自分の中で正直あります」

現場と事業が別機能だったかつての時代に、西武の球団職員は30人程度だったという。それも、グループ会社からの出向者ばかりだった。

それが今や、球団のプロパーとして採用される職員も増え、今では「球団だけでも100人を超えるようになりました」と高木はいう。

人口減少と高齢化で、鉄道を利用する「顧客」の減少が見込まれる。そうした時代だからこそ「野球」と「鉄道」の相乗効果を上げていかなければならないのだ。

そんな中でスポーツビジネスの世界に夢を抱き、プロ野球を盛り上げたいという熱い思いを持って、プロ野球の世界に飛び込んでくる若い人材も増えてきている。

「プロ野球は、魅力あるコンテンツでないといけないですから」

「興行」から「スポーツビジネス」へと時代が移り行く中で、プロ野球という〝非日常の世界〟のすごさを知り、ビジネスマンとしての実績も積んだ高木のような存在は、これからますます、大きな役割を担うことになることだろう。

第4章

SNS時代の情報発信とは

球団広報は何を撮り、何を見せ、どう伝えるか

産経新聞社を退社し、千葉ロッテの球団広報に転身した梶原紀章（提供:千葉ロッテ）

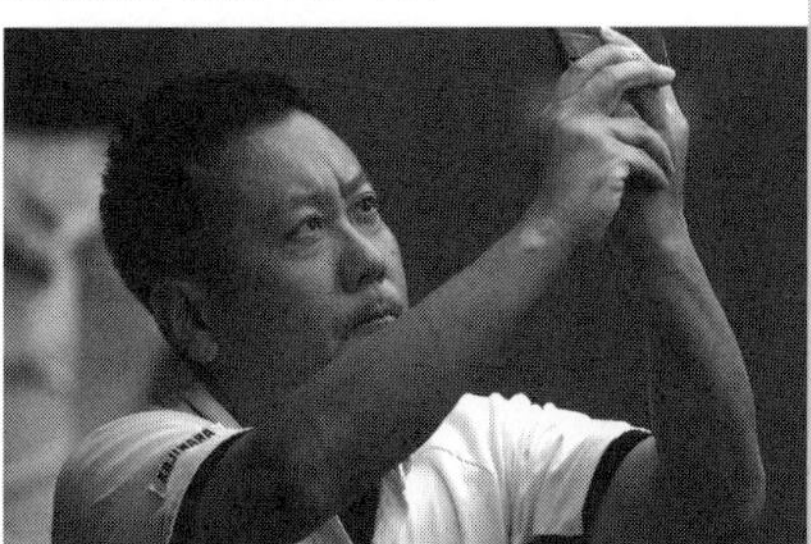

マイク付きカメラをぶら下げた女性リポーター

ツイッター、インスタグラム、ＹｏｕＴｕｂｅ、フェイスブック。

こうした「ＳＮＳ」の存在が、プロ野球を「伝える方法」を激変させている。

もはや、これらの「メディア」を活用すれば、誰でも、どこでも、いつでも、あらゆる内容のものが、自分の手で発信できる。

新聞が、テレビが、独占的に伝えてきた「情報」の位置づけが揺らいでいる。

そして、野球という「コンテンツ」を握っている球団が、自らその情報を発信するようになってきた。

２０２１年（令和3年）1月4日現在、ソフトバンク、ロッテ、オリックスの3球団が持つ公式アカウントでの「フォロワー数」を確認してみよう。

	ツイッター	インスタグラム	YouTube
福岡ソフトバンク	１００・7万	29・4万	14・5万
千葉ロッテ	80・１万	15・8万	10・9万
オリックス	36万	12・2万	4・28万

さらに、日本新聞協会調べによる「スポーツ紙の発行部数」の推移も見てみよう。

1997年（平成9年）　650万部
2002年（平成14年）　581万部
2008年（平成20年）　493万部
2013年（平成25年）　387万部
2019年（令和元年）　293万部
2020年（令和2年）　264万部

単純比較できる数字ではないことを承知の上だが、3球団の公式ツイッターのフォロワー数を合わせた数字は、スポーツ紙の発行部数に迫る勢いでもある。

だからこそ、球団発の情報発信が、ますます重要になってくる。

ファンと選手を、ダイレクトにつないでいく。

その「メディア」としての役割を、球団も担い始めている。

広報室球団広報課オフィシャルリポーター、加藤和子（提供:福岡ソフトバンク）

球団だからこそ、メディアよりも選手との距離感をより近く取れる。そのメリットを存分に生かすことで、選手の、ひいては球団への興味や関心を引き寄せることができる。

ソフトバンクのＳＮＳ発信には、ファン目線の優しさが伝わってくる。

絶妙な〝視線の位置〟を生み出しているのは、かつて地元・福岡のテレビ局でスポーツキャスターを務めていた一人の女性リポーターだ。

正式な肩書は「広報室球団広報課オフィシャルリポーター」。

黒のグラウンドコートと黒のジャージ姿は、女性リポーターの華やかさからは程遠い。

その左肩には、常にマイク付きのカメラがぶら下がっている。

加藤和子《かとうかずこ》の入団は２００６年（平成18年）のこと。ソフトバンクが「オフィシャルメディア」を発足させるのにあたって「その立ち上げに誘ってもらった感じでした」。

1978年（昭和53年）生まれの加藤は、福岡大学を卒業後、タレント活動中だった2002年（平成14年）12月から、福岡放送（FBS）で毎週日曜日夕に放送されているスポーツ番組「夢空間スポーツ」のキャスターを2年間務めていた。

自らもバスケットボール部でプレーしていたアスリートは、スポーツの興奮と感動を伝える仕事に魅了されたという。キャスターを務めた後も、球団が発行する月刊誌『月刊ホークス』のインタビュアーとして「現場に呼んでもらって、球場に行ったりしていたんです」。

球団側は、コンテンツの発信を強化しようとしていた。

映像部門にも力を入れていこうとしていた中で、キャスターとしてインタビュー経験も豊富な加藤に白羽の矢が立った。

「これも撮るの？」

「外から見ていたところから、選手たちの頑張りとか、そういうところをもっと伝えられたらなと、最初はそういう思いが強かったんです。そこは、今も変わりませんけどね」

加藤は〝メディアの制約〟を感じていた。

インタビューを収録する。話が弾んで、予定よりも長くなる。しかし、番組の尺の関係で編集されてしまう。そうしたもどかしさが募っていた。

伝え切れていない部分を、もっと伝えていきたい。

そのためには〝中〟から、より選手に近い立場から発信していきたい。

メディアの仕組みや内情が分かってきたからこそ、その衝動が抑えられなくなる。

それでも、プロ野球はやはり男社会。２０００年代序盤では、まだまだ女性職員の存在すらも珍しかった。

「正直、その中に入っていくというのは、不安8割、楽しみ2割でした」

加藤が任された「映像」を活用した発信にも前例がなければ、プロ野球球団に女性スタッフが入って、その女性が発信するという、過去のお手本すらもなかったのだ。

「女性というところで、現場に入っていくのは、相当周りからも『女の子だから』という見方はあったし、私もどこか、女性だからここには入れないとか、ここまでしかダメだろうとか、自分でもそうやって線を引いていました。やっぱり男社会に入っていくって、すごい勇気もいりますし、大変ですね、ホントに、これは」

カメラを持って、ベンチ裏に行く。

選手のくつろいだ姿を写真に収め、それをＨＰで紹介する。

しかし、ロッカーやベンチ裏は、選手のリラックスエリアでもある。汗だらけのアンダーシャツを脱ぎ、上半身裸でうろつく大男たちが、ぞろぞろいる。

時には、シャワー室へ向かうために、バスタオルだけを腰に巻いた選手だっている。

そこに、若い女性がいる。選手だって、気を使う。

「結構、年上の選手も多かったから『なんでいるんだ?』という雰囲気なんかを、自分でも感じていました。周りも気を使いますよね。幸いだったのが、私も体育部出身だったので、大学の体育館とかトレーニング場とか、一歩歩けば、半裸の男の人がいたりとか、そういうのは結構あるので……。それで慣れている、というわけじゃないですけど、やっぱり抵抗を感じるわけじゃないですか」

球団のスタッフが、情報を発信する。オフショットの姿を伝える。

そういうコンセプトが、また広まっていない頃だ。加藤のやろうとしていることへの理解も薄ければ、選手の中に、女性がうろちょろしているということへの違和感は、年齢層の高いベテラン選手や、首脳陣の方が大きかったようだ。

「どうだ、頑張っているのか?」

当時の監督だった王貞治(現球団会長)は、そうした球団の新しい試みにも理解が深い方だった。だから、加藤に事あるごとに、声をかけてくれたという。

それでも、やはり、こんな〟雑音〟が耳に入ってくる。

「こんなところにも入るの?」「これも撮るの?」「なんでここに女の子がいるんだ?」

重圧、周囲の視線、そして前例のない自分の役割。

「ホント、何でしょうね。最初、気を使いすぎたのか、正直、体を壊したんです。今でこそ笑えますけど、ストレスが溜まっていたんだということを、体が教えてくれたんです」

頭皮に「帯状疱疹《たいじょうほうしん》」ができたのだという。

選手との距離感に悩み、自分の仕事に対する自信も揺らぎかねない状態だった。

女性目線のリアル

しかし時代の流れは、少しずつ周囲の反応を変えていった。

「現場に入るようになって、5、6年経ったくらいですかね」

つまり、2010年代。ツイッターやYouTubeなどの「SNS」に、幼い頃から馴染《なじ》んでいる若い世代が、選手の間にも増えてきたのだ。

そうすると、カメラを抱えた女性スタッフがそこにいる理由を説明しなくても、撮られる側が分かっているようになってきたのだ。

「だから、時間と時代だと思うんです。ＳＮＳが大流行というか、メーンになってきた時代にとっては、そうやって『見られる』ことが当たり前というか、プロの世界は見られることが当たり前なんですけど、メディアが多くなってきて、そこへ目を向ける人も多くなってきて、試合だけじゃなく、選手も『見られているんだ』という意識が、もっと強くなってきたと思いますね」

加藤が手探りの中で築いてきた〝チーム内での位置づけ〟が如実に表れるのが、試合後の球団公式ツイッターやＹｏｕＴｕｂｅで流れる「ハイタッチ」の映像だろう。

勝利後、選手たちがベンチ裏に引き上げてくる。

加藤は、ロッカーへ通じる入り口のところでカメラを構えて待っている。

選手たちが、スタッフや選手たちとハイタッチを交わしていく。

最後にカメラに向かって、肘《ひじ》を当てていく。

そうすると、見ている側は「自分」にしてもらったように見えるのだ。

カメラの位置は、加藤の視線とイコールだ。

つまり、女性目線の高さでもあるのだ。

ちょっとだけ、見上げた感じが、妙にリアルだ。

加藤の姿を見ると、試合後の緊張感が解けた選手たちの表情が、ふと緩んでいる。

最初は、加藤と気の合うチームのストッパー・森唯斗《もりゆいと》が、ノリで始めたのだという。それがいつの間にか他の選手にも伝染して、いまや監督の工藤公康も、コーチ陣も、デスパイネやグラシアルなどの外国人選手も、当たり前のように全員がカメラにタッチしていく。

「あの映像を楽しみにされている方が、結構多いみたいなんです」

チームとともに、勝利を喜ぶ。

加藤の生み出すその「視線」に、女性ファンは特に共感できるのだ。

「カメラの奥」に向けてネタを披露

加藤がハイタッチの映像を撮り始めたのは2011年(平成23年)頃だったという。

「あまり表には出せないものだよな、とは思っていたんです。ただ、撮りだめてはいたんです」

これらを編集して、球団の公式ファンクラブ「クラブホークス」で、年末にプレゼント

加藤と談笑する嘉《か》弥《や》真《ま》新也《しんや》投手（提供:福岡ソフトバンク）

する「特典映像」としてＤＶＤにまとめていたという。

そのプレミア感もさることながら、これが面白いという評判が立ち始めた。

「撮ってるけど、なんで出さないの？」

選手やチーム内からも、むしろ〝公表〟を後押しする声が出始めたのだ。

「せっかく勝った後の喜んでいるシーンとかが裏であるのに、なんかもったいないなと思って、その様子を撮っておこうかな、くらいの感じだったんです。自分がハイタッチに入るようになったときに、これ、ファン目線で、自分がハイタッチしている気分になったら、面白いよなと思いながら撮っていたんです」

こうした〝舞台裏の映像〟は、勝利後のハイタッチだけではない。ソフトバンクがスタートさせ、いまや他球団も追随しているのが、試合前の「円陣」の映像だ。

ベテランの三塁手・松田《まつだ》宣浩《のぶひろ》。「マッチ」と呼ばれるムードメーカーが、音頭を取る。

「ご意見番（松田のこと）は、それを分かってやってくれているんです」

松田が、声を出す選手を指名する。その選手が、ひとネタ披露する。

もちろん、試合前の大事な連絡事項や戦略に関する話もある。それが円陣の役割だ。

「その辺は全部、切って届けるんですけどね。届けちゃいけないところの部分は撮っていないですしね」

加藤と選手たちの間に、そうした暗黙の了解がある。だから、ここからはネタですよといわんばかりに、選手たちも思い切り弾けてくれるのだ。

「特にマッチはですね、円陣だけじゃなくて、何かしらひとネタ、カメラを撮っていたらやってくれようとしますね。（川島《かわしま》）慶三《けいぞう》さんもそうですけど、若い選手だけじゃなくて、そっちのベテランたちも、そうやってくれる。非常に助かっています」

松田と川島は、同じ１９８３年（昭和58年）生まれ。20代後半から30代前半のプレーヤーがレギュラーの中心となるこの世界で、彼らのような「ベテラン」が、先頭となってチームの空気を作り、そして積極的にファンサービスを行うのだ。

カメラの向こうで、ファンが見てくれている。

楽しさを、そして喜びを伝えたい。一緒に戦いましょう。僕らに力をください。

こうしたフレーズは、きれいごとに聞こえるかもしれない。しかし、選手たちとファンをつなぐ「メディア」の本義は、きっとそこにあるのだ。

「小久保《こくぼ》（裕紀《ひろき》・現1軍ヘッドコーチ）さんが、一番声を出しながら練習していたということを、ムネ君（川﨑宗則《かわさきむねのり》・元マリナーズなど）が見ていて『俺も絶対にやんなきゃ』と声を出し始めて、それを見ていたマッチが声を出す。そういうホークスの〝いい伝統〟が受け継がれていったんだな、というのはありますね。この先、そういう選手が出てくるのかというところですけど、結構、今の子たちってドライだから『ああいう風にはなれないよね』って言っちゃいそうですけど」

加藤のような〝伝える立場〟からも、そういったチームの『強さの一端』を感じることがあるのだという。2020年（令和2年）、巨人を無傷の4連勝で破り、4年連続の日本一を達成した日本シリーズでも、MVPを獲得した24歳の栗原陵矢《くりはらりょうや》が、受賞インタビューのお立ち台で、ベンチからのリクエストに応え「元気百倍、アンパンマン！」の一発芸を披露する一幕があった。

あんなこと、やりやがって……ではなく、場を盛り上げ、みんなが笑顔になったことを、松田や川島が、大拍手で称賛する。

そうした一体感溢れるシーンを、加藤も逃さず捉え、そして発信する。

その〝発信の意味〟を十分に理解しているからこそ、選手も積極的に協力するのだ。

「楽と言えば、楽なのかな。そうやって分かってくれているということが、ファンも楽しいんですよね。自分たちに見せてくれているんだという気持ちにもなるし、私も撮る方として、見ている方が楽しいと感じているのかな、というのは最近思いますね」

『ホークスと結婚した女』

ご意見番、円陣でむちゃぶり。

そんな話題が、Ｙａｈｏｏ！トピックスに取り上げられることも増えてきた。

新聞やテレビのメディアは、それを見て、取材のきっかけにしたりする。

テレビ局からは「あの映像、使わせていただけないでしょうか」と依頼がくる。

コロナ禍で、取材規制が厳しくなった２０２０年（令和2年）は、球団の公式ツイッター、

ホークスのイベントで司会を務める加藤（提供:福岡ソフトバンク）

インスタグラム、ＹｏｕＴｕｂｅでアップした映像の使用依頼が「特に多かったですね」という。

そこには、ビジネスが発生する。そうした映像も、球団の収入につながるのだ。

普段なら見られない。新聞やテレビでも伝えることができない〝舞台裏〟のシーンだからこそ、価値がある。よけいに見たくなるのが、ファン心理でもある。

「試合で見ている選手たちが頑張っている姿は、テレビで見られますけど、それ以前に練習をこんな風にやっているとか、この人の性格はこんな風なんですけど、こんな風に頑張っているんですよ、みたいな、人となりを併せて見てほしいんです。それで選手を応援してくれたり、好きになってくれたりとなると、必然的にホークス全体を好きになってもらえるかなというので（いろいろな映像を）出しているというのがあったんです。

テレビをやっていた頃とか、インタビュー、下手くそだったんです。インタビューをする意味とかを分からずにやっていた部分がありました。スポーツ選手をインタビューするって、生ものだし、この人のことが分かっていないとできないな、っていうところがあります。この人のこういうところを伝えたいなとインタビューするようになってきて、私には野球の専門的なことは書いたりできないですけど、これでやっていけたら、というのはありますね」

なんで、女がいるんだ。そんな奇異のまなざしで見られ、ストレスで体調を崩した頃があって、今の〝立ち位置〟を見つけた。

その優しい視線が、ファンにも受け入れられている。

球団の公式ツイッターのフォロワーは１００万人を超え、ホークスオフィシャルレポーターの肩書をつけた上での「加藤和子」のツイッターにも16万人を超えるフォロワーがいる。

それだけの人たちが、試合前の円陣を見て気持ちを盛り上げ、試合後の勝利のハイタッチで、喜びを分かち合う。

博多出身、九州を代表する漫才コンビ「博多華丸・大吉」の博多華丸が、加藤の八面六臂《はちめんろっぴ》の活躍ぶりに、こんな異名を贈ってくれたという。

『ホークスと結婚した女』

「どうなんでしょうね。イコールホークスというイメージがついているのは、すごくうれしいんです。褒め言葉の方になるのかな?」

まさしく〝鷹一筋〟。鷹ガールの姉御格ともいえる立場だからこそ、その姿に憧れる女性たちが増えている。

「球団で働きたい」「加藤さんみたいな仕事につきたい」と相談してくる女性は、ひきを切らない。球団には、加藤宛のファンレターならぬ、人生相談の手紙が届けられるという。

「表向きには、ホークスをずっと好きでいてくれたら、なれると思いますよ、といった感じなんですけど。裏向きだったら? なんだろうな? この男社会を耐え抜ける人がいいのかな?」

前例がない道を、加藤は歩き続けてきた。

その中でつかんだのは「ファン目線」を大事にすることだった。

まるで、自分がその場にいるような感覚になる。

そう思わせるのは、カメラの角度や、テクニックではない。

感動を、喜びを共にしたい——。

加藤が選手と共有している喜びが、ファンにダイレクトに伝わるからだ。

その「優しさ」が、ソフトバンクの特徴とするならば、千葉ロッテの発信は、積極的に仕掛けていく「攻め」の姿勢だった。

阪神担当記者が千葉ロッテの広報に

広報室長の梶原紀章《かじわらのりあき》は、かつてサンケイスポーツでプロ野球担当の記者を務めていた。

関西のスポーツ紙は、常に「阪神タイガース」が1面。野球があろうがなかろうが、シーズン中はもちろん、シーズンオフでも基本的に「阪神」の見出しがフロントページを飾る。

日刊、スポニチ、デイリー、サンスポ。在阪スポーツ紙の阪神担当は4〜5人、遊軍と呼ばれるベテランも、阪神に帯同する。1社だけで、常時5〜6人はいる。巨人の親会社・読売新聞系のスポーツ報知でも、3人程度は帯同している。

とにかく、書く。ちょっとした動きがあれば、書く。

海千山千の実力派記者たちが、日々しのぎを削っている。取材する力も、行動力も、そして押しの強さ、悪く言えば図々しさも含めて、各社を代表するエース記者たちが集う。

まさしく、常在戦場。梶原は、関西の熱き最前線で筆を振るってきた。

２００４年（平成16年）オフのことだった。

阪神の新外国人選手は誰か。梶原は、監督の岡田彰布《おかだあきのぶ》から〝ヒント〟がもらえた。

「広島からや」

つまり、移籍してくる。

千葉ロッテ広報室長、梶原紀章（提供：千葉ロッテ）

その当時、広島の外国人野手はアンディー・シーツとグレッグ・ラロッカ。

確率、50％。二者択一。

梶原は「ラロッカ獲得へ」と書いた。

結果は、逆だった。

「ラロッカですか？　って、最後に聞きゃよかったなと……。僕、押しの弱さがあったんです。ここまで監督が教えてくれてるんだから、これ以上聞いたら失礼だというのが、僕の中ではあったんです。そんな失敗したことばかり覚えていますね」

スポーツ報道の現場。その酸いも甘いも知る敏腕記者に、千葉ロッテから声がかかった。球界再編騒動を経て、パ・リーグが再出発するタイミングだった。

「マスコミ出身者の広報がいいと思っていると、単刀直入に言われました」

梶原も現場に立ちながら、広報の在り方について、よく考えることがあったという。

「オリックスとか阪神を担当しているときに、広報といっぱい接していたんで、なんとなくでしたけど、一日の活動とか分かるじゃないですか。僕の中でも〝広報像〟があったんです。コメントが、なんでこれなんだろうとか、このタイミングで、こういうコメントやリリースを出してくれたら、面白いのになと思いながら自分の仕事をしていたんで、だからそこは、スパッとイメージできましたね」

2005年（平成17年）1月、産経新聞社を退社、千葉ロッテの球団広報に転身した。

当時、私は梶原とともに、サンスポの記者としてプロ野球を担当していた。

「ロッテに行きます」

会社の地下にあった食堂で、そう告げられた日のことを覚えている。

広報といえば、記者に発信してもらえるよう、ネタを提供する側。自分が見てきた広報もそうだった。だから、梶原のように行動力のある、ガッツのある記者が、その〝反対側〟に回ることに、ちょっとした疑問と、残念な思いを感じたのは事実だった。

梶原が抜け、記者の配置も変わる。

部内のミーティングで、当時の上司が言い放ったセリフは今も忘れない。

「あいつは、筆を折るんです。そういう意識のヤツは、ウチにはいりません」

部内を引き締めるための言葉だったのだろう。

しかし、梶原は筆を折るどころか、ますます健筆を振るい出したから驚いた。

この男も、モデルなき道を切り開いてきた。

自分から発信する広報。まさしく、新たなるスタイルだった。

直球の情報発信

2005年(平成17年)から10年(平成22年)までの6年間を、梶原は広報生活の「前半」と位置づけている。

「そこまでは、あまり〝自分発信〟はやっていないんです。というのは、まだスポーツ新聞にしても、メディアにしても、力があった。影響力があったので、メディアを通して露出する方が、当時はまだ効果的だったんです」

２０１１年（平成23年）に営業へ異動するが、翌12年（平成24年）から再び広報室に戻る。この「２回目の広報」から、時代の変化、発信の仕方の変貌を感じ始めたという。

「そのときは、もう今に至るまでですけど、情勢が変化していましたね。ＳＮＳの方が影響力を持ち始めていたんで、だったら、既存のメディアはもちろん大事にしますけど、自分からもしっかり伝えないと、今後の情報発信がうまくいかないだろうという見立てで、自分を使うことにしたんです」

ＳＮＳは〝自分メディア〟ともいわれる。

誰もが、情報発信ができる。動画での発信すらできる。そうなると、新聞にしても、テレビにしても、速報性という武器は、もう完全に失せてしまっている。それどころか、一般の人々からの情報発信をもとに、今ではメディアが後追い取材をするケースすら増えてきた。

メディアの〝従来の在り方〟がぐらつき始めている。

ならば、情報を提供する側の球団が、その接し方を見直さなければならないと考えるのは必然性がある。

梶原は、自分がメディアにいたからこそ、そのマスコミ側の思惑というものが、透けて見えてしまうことがある。


こんな例を挙げてくれた。

安田尚憲《やすだひさのり》は、2020年（令和2年）のシーズンがプロ3年目の21歳。若き和製大砲候補は、監督の井口資仁《いぐちただひと》の方針のもと、シーズン中に「4番」を務めた。

未来のロッテを背負うスター候補だ。

同2年目の外野手・藤原恭大《ふじわらきょうた》も20歳。売り出し中のイケメンは、コロナ禍で主力選手が抜けたピンチのときに大活躍を見せ、レギュラーに定着した。

その2人を、梶原は徹底的に推し、積極的にメディアに露出させている。

当然、安田への取材要請は多い。これらの要請は、できるだけ受けるようにしている。

「安田の努力している風景を伝えたい。ならば、僕が15分くらい話を聞けば、ポンと原稿が出せるじゃないですか？　でも、マスコミで伝えようとすると、まず取材日を設定して、あれして、これして、でも違う記事になること、あるじゃないですか？　むしろ、例えば見出しが（ドラフト同期で北海道日本ハムの）清宮《きよみや》のライバル、となったりして、いやいや、そんなことないよ、安田の日々の努力を伝えたいのにね。

広報による情報発信としては、直球でいきたいんですよ。もちろんマスメディアを大事にします。やっぱり、影響力はでかいですし、今でもスポーツ紙の1面というのは価値がありますからね。テレビ局の方からも、やっぱり『1面見たよ』って言われるんですよ。影響力がすごいのは分かっています。でも（スポーツ紙記者の）OBとしては歯がゆいんです」

伝わり切らない。それは、情報を出す側につきまとう不満と不安でもある。

番記者としては、これから伸びてくる若手や逸材にフューチャーして、先物買いしたいという思いもある。先々を見越して、ほら、見る目あったでしょ、と言いたい功名心もある。しかし、デスクという関所で引っかかる。新聞という商品に磨きをかけ、売り物にする責任者は、どうしても分かりやすく、キャッチーな表現を望むのだ。

安田にしても、そのポテンシャルは高い。甲子園でも3年春のセンバツで準優勝を果たしている。

ただロッテはドラフト指名で同期の早実・清宮幸太郎《こうたろう》の抽選に外れた末に、安田を〝外れ1位〟で指名し、獲得した経緯がある。

安田は、清宮よりすごいのか？　じゃあ、どうすごいのか？

比較の対象は、どうしても目立つ「スター」になる。

清宮の〝外れ1位〟が、力をつけてきた。こう書いた方が、イメージしやすいのだ。

ところが、梶原の立場からすれば、この捉え方では不本意なのだ。

そのギャップを、梶原は〝書いて埋めてしまう〟のだ。

「最初は、署名なしでいこうかと思ったんですけど、スポーツ新聞の署名がなぜあるかと思うと、やっぱり、書いた人の人柄というか、書いた人が誰なのか、そういうバックグラウンドを含めての価値なのかなと思ったんです。だから『広報の梶原』が書いたというスタンスでいった方が、より伝わるかなと。そこは賛否あると思いました。でも、署名がなかったら、違うんだろうなと考えましたね。あった方が説得力もあるし、ファンの方もよ
り、近寄りやすいかなと」

広報が「情報の流れを創る」

抱えている連載を聞いて驚いた。地元の『千葉日報』で毎週、『朝日』『読売』『毎日』『産

経』の各新聞社、扶桑社の『週刊ＳＰＡ！』で月１回、『文藝春秋』の「文春野球コラム」でも随時、それぞれのコラムを執筆している。

「結局、効果的なんです。メディアを使って、インタビューを通して、選手の魅力を紹介するのもいいんですけど、そのときに結局、こういうことを伝えてほしかったんじゃないんだよ、というのが出てきちゃったりするんですね。自分で伝えると、そのまま、自分が伝えたいことを、直接ファンに伝えられるんで、そこはすごく楽というか、最短でいけるというメリットはありますね」

昔取った杵柄《きねづか》、とはよく言ったもので、梶原はそうしたコラムを、業務の合間の１時間ほどを使って、ささっと仕上げてしまう。

「これ、サンスポ魂です」

そのフレーズに、思わず顔を見合わせて爆笑した。

「阪神のナイターで、試合が午後10時くらいに終わって、選手の囲み取材が10時半くらいに終わって、締め切りまでもうあと30分。それで１面じゃないですか。１面のメーン原稿と、それに添える短い原稿。その精神が今も残っていて、結構、すぐにささっと書けるんですよ。周りから『書くの、早くないですか？』って言われるんですけど『こんなもんじゃやない？』って。鍛えられましたからね」

その〃広報発の原稿〃も、梶原の〃2度目の広報時代〃の２０１０年代に入ると、ＳＮＳの普及が追い風にもなり、従来のオールドメディアを介さずとも、ネット上でリサーチされたりすることも増え、ファンに直接リーチできるようになってきたのだ。

「よく若い広報には言うんですけど、川の流れと一緒で、広報の一番大事な仕事は、情報の流れを創ってあげることなんです。よくあるプレスリリースでも『こういうことをします』って出すじゃないですか？　それだと〃水たまり〃なんです。そうじゃなく、出します、出して、どういう効果がありました。次にこういうことをします、というので、川が出来上がるんだよと、そういう話はします。

そういう意味で、情報って流れていくんで、その流れをいい方向へ創るのが、今の広報として大事なんです。特にそれがＳＮＳという流れではありますけど。そうできるかできないか、広報の手腕だと思います」

メディアという〃ダム〃に、情報をいったんためてから、流してもらう。

その情報プールに頼らず、自分たちで流れを創り出す。

その手段として、ＳＮＳでの発信には大きな影響力があるのだ。

「ここにメディアを乗っからせたら、さらに勢いのある奔流になるんです」

その仕掛けが、鮮やかなまでにはまったケースがある。

2019年（令和元年）のドラフト1位右腕・佐々木朗希《ささきろうき》。

最速163キロを投げる剛腕。そのルーキーのブルペンでの投球を映像に収め、球団公式のYouTubeで発信したところ、とんでもない反響が巻き起こったのだ。

100万人が見た「佐々木朗希の剛速球」

ブルペンは、報道陣も見学は可能だ。しかし、見る場所は投手の投げる姿を横から見る形のみだ。捕手の後ろ、球筋がよく分かるバックネット越しは、監督やコーチ、選手、チーム関係者、さらには元プロの野球評論家しか入れない。選手の集中力を削がないためにも、また投球がそれたときの万が一の事故を考えてのことだ。

梶原は、捕手の後ろでカメラを構えた。まさしく球団関係者の特権だ。

コロナ禍で、ブルペン内に〝密状態〟ができるのを避けるため、メディアをシャットアウトせざるを得ないケースがあった。

だから、梶原の撮った映像は、広報としてメディア各社に配信する約束にもなっていた。

「僕しか撮れない角度なんです。僕が一番近い。結局、僕も使うんです。ただ、僕の映像は正直、いいところしか撮っていない。つまり、悪い球は撮らない。なおさら、佐々木朗希がすごく見えちゃう。それも〝川の流れ〟ですけどね」

その「佐々木朗希の剛速球」を、球団の公式ＹｏｕＴｕｂｅチャンネルでも配信した。

ここからが、梶原の広報戦略の見せ所になる。

「ＳＮＳのよさは、数字がしっかり出ることで、評価になり得るということなんです」

ＹｏｕＴｕｂｅの場合なら再生回数。ツイッターなら「いいね」や「リツイート」の回数によって、その反響が数値化される。

２０２０年（令和2年）2月13日、沖縄・石垣島キャンプ。

千葉ロッテ、佐々木朗希投手（提供:千葉ロッテ）

その最終日に、佐々木が初めてブルペンに入って投球練習を行った。映像を配信した途端、一日で再生回数が70万回に及んだ。

梶原は、ここで番記者に仕掛ける。

「その時点で、70万回という情報を流してもらったんです。そうすると逆に100万回、いくだろうと計算したんです」

これが、1つのステータスになると梶原は分析しているのだ。

「100万回いけば、佐々木朗希に新たな価値がつくと考えたんです。だから、一発目に衝撃的なものを出そうと思っていたんです」

つまり『100万人が見た男』——。

「そうすると、100万という数字が出たというのを、マスコミが記事にしてくれる。当然、そこはでっかい記事になるんです」

見出しは『佐々木朗希、100万超え』。

「そうすると今度は『どんな動画?』と、それを見る。見た人がどんどん増えていく。120万、150万、180万。それも、どんどん記事に入れてもらう。どんどん人の流れも大きくなっていって、佐々木朗希の付加価値がまた広がっていくんです。そうすれば、あの動画って、どんどん有名になっていくんです」

最終的に、２００万回も突破することになる。

テレビでも「１００万回再生された衝撃の動画です」とアナウンスされる。

こうした現象を、梶原は「人が行列を作る料理店」と表現する。

並んで待ってでも、食べたい。その行列を見た人も「そんなに人気なら」と、つられて列の後ろに並んでしまう。

ＳＮＳでは、そうしたムーブメントを起こす〝きっかけ〟を作ることができるという。

「テレビを見た人が、また見る。あとはもう、雪だるま方式で増えていく。彼の価値も、その数字が表すようになる。それがＹｏｕＴｕｂｅのすごいところでもあるんです。再生回数が、１つの価値を創るというか、付加価値になっていく。『スポーツ新聞の１面に３回載った佐々木です』とか言っても、スポーツ新聞にとってはすごいことかもしれないですけど、世間にとっては、ってあるじゃないですか。でも今、ＹｏｕＴｕｂｅというのはそういう風な存在で、再生回数で、一言でその人のすごさを表現できる。こいつの映像、１００万いくんだよっていえば、みんなが『そうなの?』となってくれる便利さはあります。ツイッターでもいいんですけどね。こいつ、『いいね』が1万いくんです、とか」

こうしたSNSを使ったファンの発信から、梶原が〝乗っかって〟大きな流れにした出来事があった。

ファンの〝激励ツイート〟に選手も乗っかる

コロナ禍の2020年（令和2年）10月、優勝争いを繰り広げている中、ロッテの選手・スタッフから、14人の新型コロナウイルス感染者が出た。複数の主力選手が戦線離脱する事態に、球団は揺れた。

このまま、優勝争いから脱落していくのか。

士気が下がりかねない状況の、そんなときだった。

梶原はある日、ツイッター上で、思わぬ〝激励ツイート〟を見つけた。

「#コロナに負けるな千葉ロッテ」

立ち上げたのは、千葉県在住の19歳、ロッテファンの女子大生だったという。

多くの「いいね」がつき、コメントがつき、大きな反響を巻き起こしていた。

「僕らも、それに乗っかったんです。#をつけて、選手のメッセージで『頑張ります』みたいなのを、ツイッターに流したんです。そういうのに今、機敏にならないといけないんですよね。『バズる』というやつですか。広報として大事にしているのは、流れを創ることなんですよね」

激励のコメントが溢れた。ファンの後押しが、たまらなくうれしかった。

後に梶原は、その〝最初の一人〟の女子大生に会うことができたという。

「私なんです、って声をかけられたんです。朝6時半に起きて思いついたんですって。こう言ったら失礼かもしれないですけど、ホントに、普段、どこでもいるようなっていうんですか、ごく普通の女子大生です。この子がこんなムーブメントを起こすんだと。もちろん、ありがたいことなんですけど、今の時代はすごいなと、改めて思いましたね」

ごく一般のファンが、激励のツイートを発信して、それに多くのファンが追随し、選手側からお礼のツイートが流れる。

この双方向のやり取りを、メディアが見て報じる。

メディアが発信しているのではない。梶原の表現を借りれば「逆に、ファンに、一般の人に引っ張られているというか、それに乗っかっちゃってますよね」。

だから、若い球団職員が研修の際に、梶原にこんな疑問をぶつけたという。

「スポーツ新聞に記事載せて、そんなに意味ありますか?」

オールドメディアといわれる新聞やテレビ。メディア＝媒介。その必要を感じないという世代が出てきたのも、当然だろう。何しろ、今の20代は、学生時代からＳＮＳを介してニュースや出来事も知り、友人たちの日常を知り、コミュニケーションを取る。決まった時間に放映されるテレビではなく、いつでも、どこでも、好きなときに、好きな映像を見られるＹｏｕＴｕｂｅを見る。

その〝自分発信〟の世代が、野球界にも増えてきたのだ。

「鳥谷、100の質問に答える」

球団のＹｏｕＴｕｂｅチャンネルが始まったのは２０１４年（平成26年）だった。

「最初は疑心暗鬼だったんです。でも、自分の子供が普通にＹｏｕＴｕｂｅを見ていたり、それこそ『ユーチューバーになりたい』みたいな子供たちが出てきている。公共性っていうんですか、認知度の高さを再認識して、これはいけると思ったんです。

ＹｏｕＴｕｂｅで『１００万』っていう、明確なものさしも出る。結構それで、僕は選手の現状を把握するんです。意外と人気あるんだな、とか。コメント欄を読んで、この選手はこういう言葉を使うんだ。じゃあ、こういうところをもっと出してあげようとか、かつこいいと思われているんだから、かわいい表情をもっと出してあげようとか」

ファンのコメント欄から、気づかされたこともあった。

2020年(令和2年)9月、巨人から澤村拓一《さわむらひろかず》(現ボストン・レッドソックス)が移籍。大物のトレードに話題が集中した。

すると、ネット上で「サワムラー」というフレーズが飛び交い始めた。

スマホ向けのゲームアプリ「ポケモンGO」に出てくるモンスターの一種だという。

「じゃあ、それに乗っかってやろうと」

その「サワムラー」と澤村のツーショットを配信すると、ファンはもちろん、新聞やテレビなどのメディアも、その話題で持ちきりになった。

「巨人の印象があったんで、それを逆にしてやろうと。笑顔をいっぱい出してやろうと思ったんです。だから、ツイッターで人形も出したり、笑顔も出したり。えっ、澤村ってこんなことするの? っていうイメージを作る。それって、ロッテの球団の価値にもなるんです。ロッテに行くと、こんなに人が明るくなるんだな、みたいなね。それが、1つのブランドになるんです」

阪神から鳥谷敬《とりたにたかし》が移籍してきたときには、ロッテのお菓子を持たせた写真をツイッターに流した。インスタでは「鳥谷、100の質問に答える」というコーナーを立ち上げた。

「こんなの、阪神では絶対にねえだろ」

コメント欄に、ロッテだけではなく、阪神ファンからの書き込みが乱立したという。

「それは、してやったりなんですよ。ロッテに行ったら、こんなに〝キャラ変〟できるのは球団の価値につながると思ったんです。鳥谷を利用した戦術です。サンスポっぽいですけどね」

梶原は、新たなる仕掛けを次々に繰り出していく。しかしその根底には、スポーツ新聞の記者時代に鍛えた取材力と企画力がある。

時代とともに、発信の仕方も、そして情報を受け取るファンの反応も変わっていく。その変化を見抜き、それに対応していく。

オールドメディアの良さ。これにSNSという最新機器もうまく混ぜ合わせ、より効果的な情報発信を考え、そして実行していく。

その機動力と瞬発力こそが、新時代の情報発信には不可欠なようだ。

もうすぐ、きっと〝100万人が見た男たち〟が、ずらりとZOZOマリンスタジアムのグラウンドに、並ぶような気がしてきた。

それが、ファンの「見たい」という気持ちを誘引する時代なのだ。

吉田正尚の「インパクト集」

オリックスの公式インスタグラムでは、野球好きにはたまらないマニアックな映像がたびたび、アップされている。

2020年（令和2年）に、初の首位打者を獲得した主砲・吉田正尚《よしだまさたか》は、そのパワフルなフルスイングに定評がある。

その吉田が、ボールをバットで捉えるインパクトの瞬間だけを10回連続でつなげた「インパクト集」という映像がある。

「カーン」「カーン」という打球音が連続して聞こえてくる。

なかなかの迫力だ。

「スカッとした映像を撮りたいなと思ったんです。だから、正尚のインパクトだけ、1秒ずつつないだんです」

コロナ禍で、開幕が3カ月遅れた2020年。試合がなく、練習の一般公開もなかった時期にこのスペシャル映像を配信すると、途端に何十万回もの再生数が記録されたという。

オリックス・バファローズ事業企画部宣伝グループ、仁藤拓馬

この映像を撮ったのが、事業企画部宣伝グループの仁《に》藤《とう》拓《たく》馬《ま》だ。

「ボールに対する、バットの入り方。そういうところも、普通は見れない映像なんで、見てもらいたいなと思ったんです」

その映像をよく見ると、インパクトの位置が、中央からやや上あたりにある。

「基本、下から撮るんです。キャッチャー目線といいますかね」

バッティングケージの真後ろから、キャッチャーが投球を待つ感覚でカメラを構える。

だから、迫力がある。プロの技術のすごさに、息をのむほどだ。

この位置、そして角度。これが、プロならではなのだ。

野茂英雄も認めた「逸材」

仁藤はかつて、オリックスの投手として、脚光を浴びた一人だった。

2006年（平成18年）高校生ドラフト。

当時は、高校生と大学生・社会人とが分かれた2部制のドラフトだった。

その年のドラフトは超豊作で、後に「88年世代」と呼ばれることになる。

楽天1巡目・田中将大《たなかまさひろ》（駒大苫小牧高、2020年までニューヨーク・ヤンキース）。

巨人1巡目・坂本勇人《さかもとはやと》（光星学院高、2020年に通算2000安打達成）。

広島1巡目・前田健太（PL学園高、現ミネソタ・ツインズ）。

その4年後にプロ入りしてくる同級生にあたる大学生にも、そうそうたる顔ぶれが並んだ。

ソフトバンク2位・柳田悠岐（広島経済大）。

西武3位・秋山翔吾《あきやましょうご》（八戸大、現シンシナティ・レッズ）。

静岡・島田商のエースだった仁藤は、高校生ドラフト4巡目でオリックスから指名された。

入団1年目に右肘を手術。2年目から本格的にファームで投げ始めた。

「初めて投げたプロ野球選手が、清原（和博・西武〜巨人〜オリックス）さんなんです」

ファームでリハビリ中だった仁藤に「そろそろ、打者相手に投げてみようか」と首脳陣から声がかかった。

清原和博から渡されたサイン入り手袋

そのとき、左ひざ手術からの復活を目指していた清原も「投手の球を打ってみようか、というタイミングと重なったみたいなんです」

神戸の室内練習場での〝直接対決〟が実現した。

「清原さんに投げられるんだ、と怖いもの知らずで、ガンガンいきました」

当時19歳。清原のバットが、空を切ることもあった。その生きのいいピッチングが、清原の胸も打ったのだろう。

「おお、仁藤、ちょっと来いや」

使っていた手袋を外すと、清原はサインを入れて、仁藤に渡した。

「ありがとう。頑張れよ」

プロとして、初めて立ち向かった相手が、球界を代表するスーパースターだった。

その思い出とともに、清原の手袋は今も大事に仁藤の家に飾られている。

身長1メートル83センチの長身ながら、腕をサイド気味に下げることで、シュート気味に食い込んでくるストレートが、右打者にとっては厄介な球になった。

首脳陣が着目した3年目の春季キャンプ。仁藤は1軍組に抜擢された。

沖縄・宮古島キャンプでのブルペンで、熱い視線を感じたという。

「いいピッチャーがいますね」

仁藤に注目したのは、その年、テクニカル・アドバイザーに就任し、宮古島キャンプに指導に訪れていた野茂英雄《のもひでお》だった。

日本人選手が、メジャーへ挑戦する時代。これを切り開いたパイオニアは、当時監督の大石大二郎《おおいしだいじろう》と近鉄時代にプレー。その縁から、後輩たちの指導に訪れていたのだ。

野茂から、直接指導を受ける無名の20歳。

「野茂さんからいい評価をいただいて、夢のようでした」

私も当時、その〝逸材発掘〟の原稿を書いた一人だった。

しかし、残念ながら仁藤は、野茂が認めた潜在能力を開花させることができなかった。

過敏性腸症候群。思いもよらぬ病魔が、若き右腕に襲いかかったのだ。

「心配性みたいな感じなんですね。とにかく、めちゃくちゃトイレに行きたくなるんです」

緊張なのか、ストレスなのか。

実は仁藤は、3年目に1試合だけ1軍登板を果たしている。

2009年（平成21年）4月7日の西武ドーム（現メットライフドーム）。

ブルペンで投球練習をしているときも「ブルペンとトイレを何回も往復していたんです」。

しかし、大腸にカメラを入れての精密検査でも、特に異常は見つからない。

「ずっと健康体で、割と強い方だと思っていたんで、なったときにはホント、びっくりしました。ちょっと痛くなると、もう『やばい』ってなってしまって……」

体重が、見る見るうちに落ちたという。プロのアスリートにとって、体の変化は大きな影響を及ぼす。1カ月で10キロ近く痩せてしまうと、体のバランスまで崩れてしまった。

「投げ方も分からなくなっちゃって……。腕が、他人の腕みたいになって、操縦しているみたいに、ぎこちなくなっていったんです。体をコントロールできないし、バランスが崩れたままで、戻り切ることができませんでした」

現役生活はわずか4年。1軍登板は、腹痛に苦しみながら投げた西武ドームでの1試合止まり。白星も挙げられないまま、プロとしてのキャリアを静かに終えざるを得なかった。

選手も見たくなる〝本物〟の映像

引退後、仁藤は「先乗りスコアラー」を務めることになった。

チームが対戦する次のチームの試合を視察し、登板してくる先発投手の調子や投球パターンを調べ上げ、好調のバッターをチェック。それらをすべてデータ化してパソコンに入力しておき、試合前のミーティングで選手や首脳陣にその分析結果を伝える役目だ。

これを3年間。続いて、1軍のチームマネジャーを1年間。

チームが遠征移動する際、新幹線や飛行機のチケット、宿舎ホテルの手配など、チームの動きが滞らないよう、円滑に回していかないといけない。

その後、広報を4年間。チーム全体を知り、マスコミや遠征先での関係者らとも太い関係を築いた上で、2019年（令和元年）から事業企画部宣伝グループへ配属された。

現場と裏方の橋渡しができる。その〝元プロの視線〟が今、存分に生かされている。

「僕はずっと2軍で、1軍では1試合しか登板もない。プロ野球選手って、2軍でもそうなんですけど、こんなにすごいんだよという迫力を伝えたいんです。元プロなんで、意外と、他の人よりはちょっと〝奥〟まで入り込めるというか、練習とかに関しても、ちょっと選手の近くまで行ける。そういうところが違うかな？　より近く、より迫力ある角度から撮る。それを心がけているんです」

この仁藤の言葉を、少し解説してみよう。

コロナ禍の2020年（令和2年）は、報道陣や解説者がグラウンドで取材することは、感染拡大予防の観点から、完全にオフリミットとなった。しかし従来は、ベンチ内やベンチ前のファウルゾーン付近、さらにはベンチ裏からロッカー室へ至る通路といったエリアで選手や首脳陣を呼び止めて、取材をすることが可能だった。試合前に交わした会話の中から、原稿にする小ネタを見つけたりする貴重な時間であり、場所でもある。

これが、元プロ野球選手、球団ＯＢ、解説者になってくると、バッティングケージの後ろに立ったりすることができる。

仁藤は、その〝特権〟をフルに生かしているのだ。

先に紹介した吉田正尚の「インパクト集」以外にも、仁藤が撮った迫力ある映像がＹｏｕＴｕｂｅやインスタグラムで配信されている。

若きエース・山本由伸《やまもとよしのぶ》の映像にも、かなりマニアックな内容のものがある。

日本代表にも選出され、2020年には最多奪三振のタイトルも獲得した。他球団からも難攻不落の右腕として一目置かれた存在だ。

山本が、調整として遠投を行う。

そのシーンを、スローモーションで流している。

ボールを指で切る。スピンのかかったボールが、グイッと上空へと伸びていく。

その迫力もさることながら、プロの投手が、ボールに鋭い回転をかける瞬間が見られる。

仁藤のカメラ位置が絶妙なのは、ボールが指を離れる瞬間がきっちりと見えるからだ。

山本が投げるそのやや斜め前、リリースポイントを想定した位置にカメラがある。

この他にも、玄人《くろうと》受けする映像が続々と配信されている。

二塁ベース後方。仁藤は、ここでもカメラを構える。

盗塁練習のランナーが一塁から走ってくる。そして滑り込む。

「ザーッ」

ベース付近の土が、摩擦音を立てる。

ベースに右足が触れる。さっと、選手が立ち上がる。

テレビでも追い切れない、ベース付近での迫力あるシーン。

仁藤は、そんなところにもさっと入り込み、カメラを構える。

「もともと（プロで）やっていたから、現場の人も受け入れてくれるというか、現場の人の理解力が、単純に素晴らしいだけだと思うんですけどね」

そう謙遜するが、ナイーブな選手だと「そこには立たないで」「視線に入るから」と抗議するケースもある。山本の遠投だって、スライディングだって、その邪魔にならず、集中力を削がず、それでいて映像はきちんと撮れている。

その絶妙の距離感と間合いが、プロ未経験者にはうまくつかめなかったりする。

選手からも「仁藤さんだから」という安心感がある。

むしろ、仁藤が撮っている映像を「ちょっと見せてもらっていいですか」と、練習のチェックとして活用する選手すらいるという。

「ウィンウィンの関係なのかなと。逆に『今日、ちょっと撮ってください』とか『今のをちょっと、撮っておいてください』とか、選手の方から声をかけられたりします」

その映像を、仁藤は選手のスマートフォンに送っておく。練習後のロッカー室で、その映像を見て、自分の調子や体の動きを確認し、試合に臨むのだ。

その映像は、球団公式のSNSでも配信される。

選手が見たくなるほどの映像なのだ。野球ファンにはたまらない。

何しろ〝本物〟の映像なのだ。

マニアックでいい

仁藤と選手の、その信頼感と関係性。

これがあるから、プロ野球選手のすごさを存分に伝える映像が作れるのだ。

「いろいろな人に〝刺さる〟ような映像を撮りたいと思いますね。技術的なものなら、小学生や中学生で、野球をやっている子たちにも見てもらって、参考にしてもらえたらと思いながらやっています」

ただ、そうした技術面のものばかりではない。

勝利の試合後、ベンチ裏のハイタッチからヒーローインタビューを撮る。

「ずっと試合を見ているので、結果に表れないいいプレーも、なるべくピックアップしたいなと。試合終わりに、選手が帰って来るときに、パッと写真を撮ってね」

デーゲームなら、インスタライブに選手を呼ぶこともある。それも、仁藤のお願いだから選手も嫌がらない。

「試合に勝って、その興奮というか、ファンのうれしい感情の行き先を作りたいなと思って、選手と交わるところが欲しいと思ったんです」

インスタライブでは、ファンからリアルタイムで質問を募集する。まるで、記者会見ばりだ。コロナ禍の２０２０年（令和2年）は、ＹｏｕＴｕｂｅでのオンライン練習見学会も開催した。

吉田正尚のティー打撃の映像が流れる。

ボールを置くためのティーの1メートルほど先に、仁藤のスマホが置かれる。

インパクトの瞬間を撮り、それを練習直後に流す。

これもまた、迫力満点だ。

勝利の翌日には、勝利投手の山本を〝ゲリラ取材〟する。

突然の質問コーナーを設け、ファンから質問をリアルタイムで募集する。

「コロナ禍で、ファンサービスというか、ファンの人と接する機会がなかなかないので、応援してくれている方に何か返したいという気持ちがあると思うんです。だから、何か言ったら、ホントにいろいろな選手が協力的に参加してくれますね」

オリックスのファン向けだから、ちょっとマニアックになる。いわゆる楽屋ウケの内容になってくるケースも多々だ。

2019年（令和元年）に育成ドラフトで入団した大下誠一郎《おおしたせいいちろう》が翌1年目に支配下登録されると、9月15日に1軍で初打席初本塁打デビューを飾った。

その偉業もさることながら、試合中の大下は、ベンチでも守備位置でも、とにかくダミ声を張り上げ、チームを鼓舞し続ける。そのムードメーカーぶりが話題になった。

オリックスは、静かなチームでもあった。

そのイメージを一気に吹き飛ばす、異色の存在でもある。

仁藤は、大下が試合前の円陣で声を出すのを撮り、配信し続けた。オリックスは、勝ち続けている間、試合前の声出しの選手が変わらない。だから、大下が続いた日があった。

「他球団と比べたら、見ている人は少ないんですけど、ウチのコンテンツの中では、大下の動画が、結構上の方なんです。彼が来てから、5カード連続で勝ち越したんです。野球って、技術ももちろんなんですが、技術だけじゃないんだって、改めて感じました。盛り上がる雰囲気を撮れたんでよかったですし、ファンの人もそれをしっかり見てくれている。大下の貢献度がどれほどかというのを、オリックスのファンはすごく分かってくださっている。ホントによく、野球を見てくれているんだなと感じます」

育成選手から上がったばかりのルーキー。それこそ、オリックスの熱烈なファンでなければ、顔も名前も一致しないだろう。その映像は、ファンにしか分からない。

その大下の真似をして、アデルリン・ロドリゲス（2020年限りで退団）が試合中のベンチで、突然声を出すようになった。仁藤は、ベンチ裏の通路から声を出すロドリゲスの画像を撮り、ロドリゲスの許可をもらって配信したという。

ファンには、大ウケだった。完全に内輪ウケだ。それでも構わない。

よりプロフェッショナルな視線で、技術的な部分も見せ、より近い立場で選手の思いを伝える。球団社長の湊通夫は「あれは、新たなお客さんを獲得するためのツールではないです」と前置きした上で〝仁藤配信〟の効果を強調した。

「コロナ禍でも、コロナ禍でなくても、ファンサービスの一環として、絶対に普段は見られないところを見ることができて、素の選手の顔を見せてあげるということが重要なんだと思います。仁藤君に対して、選手は〝裏の顔〟を出すんですよね。それがプレー中の顔の違いとなって見られるんです。

だから、ファンとの〝エンゲージメント〟を維持するということなんです。つなげておくというんですかね。ずっとネットを見ているから、球場に来なくなるという話にはならないと思うんです。見えない部分を出してそれを見られるのは、8割くらいは球場に年2

回、3回と来ていただく、比較的コアなファンの方だと思うんです。その人たちはそれを見て、ああ、また球場へ行こうかという動機付けになるし、残り2割の方は、たまたまネット上で映像を見て、あれ、こんなに意外と格好いい選手がいるんだな、じゃあ、1回球場へ行ってみようかという誘因にはなるかなと思いますね」

だから、さらに、もっとマニアックでいいのだ。

仁藤は、その〝球団の意図〟も、しっかりとつかんでいる。

「プロへの未練とかは、今、もう全くないですね。僕がダメだった中で、選手たちは華やかな舞台で、由伸にしても、正尚もそうですけど、シンプルにすごい選手ばかりなんです。もし僕が現役を続けていても、彼らのことはむちゃくちゃすごいと思いますし、それを伝えられる位置にいるんで、シンプルにそれを伝えたいんです。選手は球団の宝なんです。その宝のすごさを知ってもらいたいという感じですね。こんなにすごい選手たちが、オリックスにはいるんだということを、ですね」

不本意なプロ生活だったのは、確かだろう。

だからこそ、プロ選手のすごさが分かる。リスペクトの思いも強い。

そのすごさを、実感としてつかめているから、映像にもそれが伝わるのだ。

三者三様のSNS戦略

福岡ソフトバンク、千葉ロッテ、オリックス。

まさしく、三者三様のＳＮＳ戦略だ。

３人の取材を通して分かったのは、実は３人とも、他の２人を意識していることだった。

オリックスの仁藤は「加藤さんと梶原さん、２人は憧れです」という。

「２人は結構、自分も（映像に）出たりするじゃないですか？　僕は退いた人間。慣れていないというのもありますけど、選手を見てほしいという気持ちがかなり強いのかもしれませんね。たぶん、現役をされていた方はそうなんですけど、僕もオリックスというチームに選手としてすごく大切に扱っていただいていたので、今は逆の立場になって、選手を支えたいという感じなんです。だから、僕は『裏』でやりたいんです。

梶原さんなんか、見ていてすごいなと思います。僕らも関西の球団ですし、ちょっとは面白いのも欲しいな、と思ったりもしますね」

ソフトバンクの加藤も「仁藤さんと梶原さんは、私にとって羨ましい存在」と表現する。

「仁藤さんは、野球のことを分かっているからこそ伝えられる。梶原さんは、自分のやりたいことを、がつがつとやるじゃないですか。羨ましいなと。私は、ちょっと野球のマニアックな部分になると無理だろうし、野球記者にもなれないでしょうし、もちろんプロ野球選手にもなれないですからね。

コロナ禍で自粛になって、ホントにどうしようと思いました。だからこそ、今だからこそ、私たちが絶対にやらないといけないと思いましたし、撮れるものも少ない中で、どうやって出していこうかとすごく考えました。

結局、試合が始まって、他の球団の方にもヒヤリングをさせていただいたんです。自粛期間中、どうされていましたかと。やっぱり球場、グラウンドに降りられないという球団がほとんどだったんですけど、梶原さんとか仁藤さん、私くらいだったんです、現場でこうやっていたのが。

ＳＮＳの時代、今後、仁藤さんとか梶原さん、他の球団も含めてですけど、ＳＮＳで球団ごとのコラボとかは、やっていきたいですよね、という話はしています」

優しい視線。積極的な仕掛け。プロの目線。

これらが合体すれば、間違いなく、面白いものができそうだ。

ＳＮＳ時代の「広報」は、メディアに情報を流してもらうだけではなく、こちらからも流して、流れを創っていく時代になった。

そこには、広報担当者の〝目と腕〟がかかっているのだ。

第5章

「美味いワサビ」の法則

オリックスの〝攻める〟ファンサービス

ダンス&ヴォーカルユニット「BsGirls」(写真は2020年の様子、提供:オリックス・バファローズ)

タイガースに惨敗も〝健闘〟

オリックス・バファローズの本拠地・京セラドーム大阪は、大阪市西区にある。

阪神なんば線の「ドーム前駅」、または大阪メトロ長堀鶴見緑地線《ながほりつるみりょくち》の「ドーム前千代崎《ちよざき》駅」からだと、それぞれの改札から地下通路を抜け、エスカレーターで地上に上がると、太陽の光を受け、まばゆく輝いているシルバーの外観がすぐ右手に見える。

JR大阪環状線「大正駅《たいしょう》」からだと、北西へおよそ500メートル。こちらからは、ドームを左前方に見ながら、5分も歩けば到着する。

大阪を代表する食とファッションの街・ミナミから、オフィス街や官公庁が多いキタからも電車一本、数十分で来ることができる至便な場所になる。

アクセスも抜群な、まさしく都市部ならではのスタジアムでもある。

ただ、その立地条件のアドバンテージを必ずしも生かし切れてはいない。

なにしろ隣県・兵庫には「阪神タイガース」というモンスター球団が存在する。

年間300万人以上を誇る観客動員数は、同じ関西の球団でありながら、オリックスのほぼ2倍。2019年（令和元年）の309万1335人は、球界の盟主・巨人を6万人以上上回り、堂々の12球団トップの数字をマークしている。

阪神なんば線が全通したのは２００９年（平成21年）。

阪神尼崎駅から大阪難波駅までが一本でつながり、そこから近鉄難波線・奈良線へと続いていく。

奈良や東大阪、神戸や姫路から電車一本、直通で京セラドームまで行けるようになった。かつての近鉄のファンは、近鉄沿線の南大阪、東大阪や奈良に多い。アクセスがよくなれば合併したオリックスの応援にも来やすくなる。観客動員にも効果絶大のはずだ。

しかし、そんな球団の皮算用とは裏腹に、その年の観客動員は１２８万５９０７人。パ・リーグ６球団中５位、前年からの増加も１万９１４２人にとどまった。

なんば線の〃開通効果〃とは、とても言い切れない微妙な数字に、口さがない浪速の野球ファンたちは、こう茶化したものだ。

「ドーム前で止まらんと、みんなそのまま甲子園まで行ってしもたんとちゃうか？」

実はなんば線の開通で、東大阪や奈良からも、甲子園へ直通で行けるようになっていたのだ。その効果とは断言できないが、その年の阪神の観客動員数は３００万７０７４人で前年から３万人以上増加。12球団唯一の３００万人の大台突破を果たしている。

そんなシニカルなジョークはさておき、オリックスの観客動員数も確実に上昇の傾向を見せている。ソフトバンクとの激しいデッドヒートを繰り広げながら、わずか勝率2厘差で優勝を逃した2014年（平成26年）は、前年比27万人の大幅増を見せ、実数発表となった2005年（平成17年）以降、初めて170万人台（170万3734人）に乗せた。

その後も、2019年まで160〜170万人を安定してキープしている。

2019年3月に現役を引退した元マリナーズ・イチローが所属したオリックス・ブルーウェーブは、かつては神戸がフランチャイズ。阪神大震災が発生した1995年（平成7年）、被災地球団として「がんばろうKOBE」のスローガンを掲げてリーグV、翌96年（平成8年）には日本一に輝いている。

ただその後、長き低迷が続いており、2020年（令和2年）までの10年間で3位以上のAクラスは一度だけ。最下位も4度と、12球団の中で最も優勝から遠ざかっている。21世紀に入ってからは、いまだ日本シリーズに進出していない唯一の球団でもある。

それでも、2005年の実数発表後、パ・リーグで200万人の観客動員を達成しているのは2005〜19年の15年連続となるソフトバンクと、2016〜17年の日本ハムだけ。ソフトバンク以外の5球団は160〜190万人台が〝標準域〟でもある。

近鉄との球団合併を経て誕生したオリックス・バファローズが神戸から大阪へ本拠地を

移した2005年の観客動員数は135万6156人。当時パ・リーグは136試合制で、主催試合はその半分の68試合。

2007年から14年は144試合制、15年（平成27年）から19年は143試合制と一概に比較はできないのだが、19年の観客動員数は173万3998人。

この15年間で、およそ28％の増加を達成している。

長き低迷が続く中、同じ関西で阪神という超人気球団と競合しながらも、パのライバル球団と拮抗する観客動員数を挙げていることは、むしろ健闘しているともいえるだろう。

ビッグデータ活用で〝ファン・ファースト〟を実現

「一定の分母を作って、底上げしていく。小さくとも、それを何千人単位かで増やしていく。母集団を減らさない努力をしていかないといけないんです」

観客動員数の〝穏やかな右肩上がり〟をそう分析したのは、オリックス・バファローズの球団社長・湊通夫だった。

そのために、2014年（平成26年）から本格的に導入したのが「顧客管理」だった。

ファンクラブ会員は、本拠地・京セラドーム大阪内で入場時、飲食、グッズ購入の際に提示する「会員証」でのやり取りで、ポイントが付与される。この累積に伴い、ファンにはグッズとの交換などの特典がつくのだが、これによって球団側はファン一人一人の観戦時の行動を把握、分析することができる。

どういうチケットで、ファンクラブのどのカテゴリーで入場したファンが、ドーム内で何を飲み、食べ、どんなグッズを買ったのか。その「ビッグデータ」を分析すれば、ファンのドーム内での行動やその嗜好を的確につかめるのだ。

つまり、CRM（カスタマー・リレーションシップ・マネジメント）の実践だ。

オリックス・バファローズの球団社長、湊通夫

かつての球団経営における〝常識〟は、ファン層全体のうち、25％程度といわれる「コア層」に対し「ここだけを相手にして、分かる人には分かればいいという考え方だった」と湊は表現する。

これを「球団とファン、一対一の関係に持っていく」。

ビジネス界では、当たり前の認識ともいえる「one to oneマーケティング」

だが、これがひと昔前のプロ野球界と比較すれば、それこそ１８０度の転換でもある。

「セのものすごい人気球団とは違いますから、我々は汗をかいて、努力をする必要があるんです。ファンの方が『自分のことを見てくれているんだな』と思えるように、なるべく一対一の関係に持っていきたい。そうすれば、ドームにもう1回、行こうかなという気持ちになってもらえる。その〝エンゲージメント〟が大切だと思っています」

球場内に導入された顧客管理システム。来場のたびにポイントが累積されるとともに、球団は顧客データを得ることができる

湊が強調したのは、まさしく〝ファン・ファースト〟の思考だった。

例えば、飲み放題のチケットをつける場合には、ファンの購入履歴から、ビールの購入回数が多い客層を抽出、ターゲットを絞った上でイベント告知のメールを配信する。

さらに、観戦回数によって客層を細かく分類する。

毎試合のようにドームに観戦に来てくれる「コ

ア層」には「サンクスレター」。

1カ月近くドームに来場していないファンには「ごぶさたしております」。その前書きの上で、イベントやグッズの紹介を行い「来場をお待ちしております」。

湊によると「一斉メールだと、読まずに消去されてしまうんです」。だからこそ、ファン一人一人に、丁寧に語りかけないといけないのだ。

ファンのためなら「チェック柄のユニホーム」も着る

2019年（令和元年）のファンクラブ会員数は、およそ5万8000人。同じパ・リーグでも、福岡ソフトバンクや北海道日本ハム、埼玉西武は10万人を超えており「他球団と比べたら、全然少ないです」と湊。ただオリックスの場合、ファンクラブ会員の京セラドームへの来場頻度が非常に高く、70％以上のメンバーが年2回以上観戦に訪れているというデータが出ている。1人あたり平均5～6回に上り、年50回以上の猛者《もさ》までいるという。

2回以上来れば入場券の割引、あるいは飲食やグッズ購入でのポイント付与などで、年会費分の〝元〟は取れるという。こうした関西人の気質も把握した上で「ファンクラブのメリットを仕掛けていくんです」と湊はいう。

2019年にも、開幕前の球団激励パーティーの参加権や新入団選手発表の記者会見への参加権も付く「エクストラプレミアムメンバー」を募集。Bは年会費13万円、Aは8万5000円（当時。2021年度はB15万円、A10万円）だが、そのAB合わせた500人分は、きっちりと完売している。

野球界を含めたプロスポーツ界は、開幕前までに年間予約席や球場内の広告看板のセールスをかける。こうした前売りで、年間売上の相当額がシーズン開始前までに〝確定〟するという、特殊な業界形態でもある。

その中でも「入場料収入」は、各球団でのバラツキはあるものの、年間総売上の30%から50%を占める。当日券のセールスを含め、ファンに球場へ足を運んでもらう集客の戦略が不可欠であり、これが球団経営の根幹を担うのだ。

「新たなファンをいかに取り込めるか。コア層のファンに連れてきてもらった方が2回、3回と来てもらえるようにしていかないといけない。オリックスが増やしていかないといけないのは、この『ライト層』の方なんです」

湊は、そうした〝きっかけ作り〟が重要だという。

CRMのデータ解析で、男性ファンは「チーム」を、女性ファンは「選手個人」を応援する傾向が出ている。そうすると、選手個人のグッズや、ネーム入りの高額なレプリカユニホームなど、物販の売上は女性ファンの方が多いという傾向が出た。

そこで、２０１５年（平成27年）からスタートさせた「オリ姫デー」では、女性ファンをメーンターゲットに定めた。

オリックスと七夕の織姫とをかけた「オリ姫」のネーミングも定着。当日の入場者に配られるレプリカユニホームは、その試合で選手が着用するものと同じデザインの年もあり、２０１６年（平成28年）には、ピンクのチェック柄という、ユニホームの概念を吹き飛ばすようなデザインだった。

「ファンの方々には好評で、今でもドームで見ますね」と湊は喜びながらも「年配の選手とか首脳陣には……」とちょっぴり苦笑いだ。

ただ、こうしたイベントは、現場サイドの協力がなければ成立しない。

「選手にお願いしているのは、自分のファンを増やしてくれる気持ちでやってくれたらいいと。それがイコール、球団のファンが増えてくることになる。そうすると、ファンサービスだってしやすいと思うんです。そういう風に考えてくれている選手が多いんじゃないですかね。野球だって、自分が稼ぐためにやることが、チームプレーにもつながるんじゃやないですか？　チームのためにやってくれと言うと、意外としづらいものでしょ？」

湊の〝ファンサービス論〟には、確かに一理ある。

いかにして、球場に来てもらうか。リピーターを増やしていくのか。

一朝一夕にはいかないのは百も承知。だからこそ、球団と選手、そしてファンとをつないでいく「絆」を、地道に深めていかなければならない。

アクセスの優れている京セラドーム大阪という「立地」も生かしていきたい。

そこでオリックスは「大阪府内」での「地域密着戦略」に打って出た。

狙いを絞ったのは「電車で1時間」の〝周辺地域〟だった。

富田林市と連携して「町おこし」

２０１９年（令和元年）、オリックスはウエスタン・リーグでの主催60試合のうち、11試合を2軍の本拠地・舞洲《まいしま》以外で開催するというスケジュールを組んだ。

東大阪市の花園セントラルバファローズスタジアムで2試合。

豊中市の豊中ローズ球場で2試合（1試合は雨天中止）。

富田林《とんだばやし》市の富田林バファローズスタジアムで2試合。

高槻市の高槻萩谷《はぎたに》球場で2試合。

奈良・橿原《かしはら》市の佐藤薬品スタジアムで2試合。

和歌山市の和歌山県営紀三井寺《きみいでら》野球場で1試合。

2012年（平成24年）から、こうした〝近郊地域〟での試合開催を展開している。

「京セラドームに来れる範囲だから、和歌山あたりはぎりぎりかな？　最終的にはドームへ応援に来てもらう。そのためのマーケットの開拓です。そこでシンパを増やして、ファンを作っていこうと。ドームに来てもらえる範囲のところというのが〝ミソ〟かな」

地域密着戦略の狙いを説明してくれたのは、ファーム事業グループ・プロジェクトマネジャーの花木聡《はなきさとし》だった。

大阪中に「オリックス・バファローズ」を印象付けていく。そうすることで、京セラドームに一度、行ってみようかという動機付けにもなるのだ。

だから、単に試合をするだけではなく、子供の野球教室や、選手とファンの触れ合いのイベントがセットになっている。

富田林市のケースを見てみよう。

収容人員2500人の「富田林市立総合スポーツ公園野球場」は、両翼95メートル、中堅120メートル、照明も4基あり、1997年（平成9年）の「なみはや国体」では、軟式野球の会場としても使用されている。ただ、アクセスは悪い。同野球場のHPでアクセスを調べようと地図アプリを開くと、最寄りの近鉄・滝谷《たきだに》不動《ふどう》駅から「徒歩60分」と表示される。

この球場と、スタジアムの〃ニックネーム協定〃を締結。ロイヤリティは一切発生していないが、球場名は「富田林バファローズスタジアム」と常時表記される。毎年7月に行われる「富田林ドリームフェスティバル」のメーンイベントが、このオリックスの2軍公式試合。バスを増発し、開催時には有料入場ながら満員になる。

行政とも連携しての「町おこしですね」と湊。

試合開催までのプロセスも、地域と一体になって展開していくのだ。

試合の入場券は、地元のスポーツ店での手売りのみ。インターネット上での予約販売も行わず、あくまで地域内での〃地消〃に注力する。

試合前のセレモニーでは、地元の高校生が国歌を斉唱し、試合中のアナウンスは、コンテストの形式で地元大学の女子大生が務めるケースもある。

地元の大学にも協力を呼びかけ、大学生のインターンが試合運営に携わり、来場者調査のアンケートを取ったりする。このデータをマーケティングの講義で活用する。

球団経営や試合開催のノウハウや基礎知識を伝えるために、試合開催前には大学で特別講義も行い、花木も自ら教壇に立つ。

秋の発表会では、その研究成果をまとめたプレゼンテーションも行う。

「球団を題材にした調査です。フィールドワークの場を提供しているみたいなものです」

その〝花木教授〟が2020年（令和2年）、大学生たちに与えたテーマは「ファームの試合で〝にわか女性ファン〟を増やすには、どうすればいいか」

6大学でのプレゼンテーションは、熱のこもったものになるという。

地域の「産・官・学」が一体となったスキームが組まれるのだ。

「自治体のノリで、やっぱり変わりますね。富田林は、その先駆けの1つですね。スタートから一緒に、我々とファームプロジェクトを育ててくれています。富田林は、特に新しいことをやりたがりますね。毎年、違うことをやりましょうと」

花木は、富田林市の〝情熱〟には、いつも驚かされるという。

1軍がフランチャイズを大阪から神戸に移した後も、ファームは2016年（平成28年）

まで神戸が本拠地だった。神戸から富田林までは、連戦だと泊まりになる。そのスケジュールを活用する形で、選手たちが試合後のイベントにも積極的に参加した。

試合後、選手とファンが一緒にバーベキューを行う。

星空を見上げながら、選手とファンが一緒にキャンプファイアを囲む。

とにかく、ファンとの距離が近いのだ。

ファンとブドウ狩りを楽しむ選手たち（提供：オリックス・バファローズ）

舞洲への移転後は日帰りの形になったが、それでも新企画は尽きない。

２０１９年（令和元年）には「自然工作教室」を開催。教室で、選手と子供たちが夏休みの宿題に取り組んだりもした。空いているグラウンドでは、少年野球チームのコーチたちに、プロのコーチ陣が、コーチングのコツや指導法についての青空教室を開催する。

教室組の選手とは別に、イベント組の選手もいる。

その選手たちとファンが一緒に、球場近くの観光農園に徒歩で向かい、そこで「ブドウ狩り」を楽しんだという。

花木が、スマートフォンに保存していた写真を見せてくれた。

摘んだブドウを、選手とファンが車座になり、一緒に食べている。

「選手とチームのスタッフには、いろいろな意味で我慢してもらってやっています。でもファンづくりも大事だよということで、協力してもらっている形です。その辺をみんな理解してくれてやってくれる。ありがたいことです」

湊は、球団の意図を汲んで動いてくれる現場への感謝を惜しまない。

「サマーキャンプ」がきっかけで球団職員に

ファームの本拠地が神戸から大阪・舞洲へ移転してからも、同じ大阪府内とはいえ、こうした近郊地域への試合移動には、片道1時間はかかる。試合をして、その後のイベントとスケジュールが立て込めば、選手への肉体的な疲労度も無視できない。

それでも、2016年（平成28年）から3年間、2軍監督を務めた田口壮《たぐちそう》（現1軍外野守備走塁コーチ）は、選手たちに「アメリカのマイナーなら、こういう環境も普通やぞ」と語りかけ、球団の取り組みに対しても、全面的に協力を申し出たという。

田口は2度、ワールドシリーズ制覇を経験した元メジャーリーガーだが、日本の2軍にあたる3A、その下のカテゴリーの2Aでのプレーも経験している。

マイナーでも、2Aクラスになるとバスでの長時間移動は当たり前。郊外の辺鄙《へんぴ》な場所での試合も、しょっちゅうのことだ。

2020年（令和2年）途中から1軍監督代行を務めた中嶋聡《なかじまさとし》（シーズン終了後に1軍監督に就任）も、2軍監督時代には大阪府内でのゲームを体験。北海道日本ハム時代にはコーチ留学で、マイナーの試合に帯同している。

「バーベキューができる場所ですからね。普通のバスで山道を登っていくんですが、大阪府下といっても、この先に球場があるのかなというところなんですね。でも、行ってみると立派な球場。そこに行って、野球をして、何があるの、ってなるんですけど、1回そこへ行って、市の方たちや現場で働いている人たちがすごく一生懸命にやってくれている。3000人くらいの球場なんですが、それが有料でいっぱいになる。満員になると、監督とか選手も『これは悪くないよな』ということになってくる。それから、ずっと続いていますね」

湊が語るように、その〝手作り感〟も、選手や球団関係者の心に、ぐっと印象付けられるのだ。その熱い気持ちに応えるかのように「かなり攻めていますよね」と湊は笑う。

ファンの中に、こちらからどんどん、積極的に入っていく。

そうした「攻めのファンサービス」が、オリックスには目立つ。

神戸の本拠地時代には、夏のナイター後、球場の外野フィールドにテントを張り、一夜を過ごすという「サマーキャンプ」が行われた。

家族連れが、自分たちでテントを設営するのだ。

ナイター照明を消す〝消灯前〟には、センターのオーロラビジョンに、オリックスの選手のビデオメッセージが流れ「おやすみなさい」。

私も、記者席で原稿を執筆しているときに、テントを設営するプロセスを見て、驚かされたものだ。日の出とともに、グラウンドでラジオ体操が始まるのだという。

「芝生の上で寝たら、気持ちいいんですよ。野球場の芝生ですから、平に手入れされていますしね。野球ファンにとったら、あんなところで寝れるなんて、ですよ」と湊はいう。

外野のフィールドに杭を打ったら、後の手入れが大変だとか、そういった細かい話はさておいての大胆な企画でもある。

「こういうことをやったら、少なくとも、ウチの球団のことを嫌いにならないじゃないですか」という花木にも、忘れられない「絆」を生んだ企画があるという。

かつて「ちびっこサマーキャンプ」と銘打ち、神戸市とも協力して、摩耶山《まやさん》で1泊2日の企画を行ったことがあった。

子供たちは飯盒《はんごう》でご飯を炊き、野球チームらしく、柔らかいボールをホームベース上に立てた支柱の上に置き、それをバットで打つTボール体験も行った。

ある日、花木は女性の球団職員から、こんな思い出話をされたのだという。

「私、あのキャンプに参加していたんです。あれから、オリックスのファンになりました」

触れ合いをきっかけに、チームに関心を持つ。そこから、仕事にまでつなげた。

「これはうれしかったですね」

花木も、自らのツイッターでつながったオリックス

サマーキャンプの様子

ファンを、ドーム内の飲食店に集めての試合観戦会を行ったりして、一人一人のファンとのつながりを重視している。

試合後、花木がヒーローインタビューの準備などでグラウンドに立っていると、ファンから「花木さん！」と声がかかることすらある。

一緒に宿題をこなし、ブドウを食べた若手選手が1軍に昇格し、京セラドーム大阪で活躍するようになれば、ファンにとっては「あのときの選手が頑張ってるなら、一度応援に行こう」というきっかけ作りにもなる。

阪神のように、メジャーな存在ではない。関西のスポーツ報道も阪神が主役。オリックスは、チーム自体が低迷しているせいもあるのか、スター不足なのか、どうも埋没気味だ。それだけに、地道に、丁寧に、ファンとの「絆」を作っていこうとしているのだ。

「一網打尽にはできない球団なんです。そういうやり方よりは、昭和のやり方なのかもしれないけど、今も大事にしているんです。今どきじゃないとは思いますけどね」

花木が表現したように、じわっと、少しずつ、その「輪」を広げていくのだ。

このようにオリックスは、野球以外のエンターテインメントの分野で、他球団とは違った、特徴的な、少し趣向を変えた取り組みを行っているケースが多い。

その象徴的な存在が「ＢｓＧｉｒｌｓ」の存在だろう。

ダンス&ヴォーカルユニット「BsGirls」

球団チアは12球団のうち、広島以外の11球団が持っているが、「ＢｓＧｉｒｌｓ」のメンバーは全員が芸能事務所の「エイベックス」に所属している。

毎年メンバーの入れ替えがあり、２０１９年（令和元年）のオーディションには１１７０人の応募があり、そこから14人が厳選された。２０２１年（令和３年）のシーズンには結成８年目を迎えるが、２０２０年までにシングル７枚、アルバム４枚が発売されており、オリジナル曲も40曲を数える。

これを湊は「蕎麦屋の蕎麦とつゆ」にたとえる。

「蕎麦屋に行って、つゆだけを頼む方はいない。あくまで蕎麦が主食ですよね。でも、つゆが美味しいことも売り物になるし、ワサビが美味しいのも商品として売れる。メーン料理はあくまで野球。でもイベントが楽しければ、主食以外でも楽しんでもらえますから」

その〝美味いワサビ〟はいまや、オリックスの名物商品に成長している。

メンバーのマネジメントを担当するエイベックス・エンタテインメント関西支社のチー

エイベックス・エンタテインメント関西支社のチーフプロデューサー、東洋一

フプロデューサー・東洋一《ひがしよういち》は「選手よりも目立ってはいけない。でも『ワサビ』として、球団が彼女たちに望んでいるのは集客。彼女たちを目当てにドームに来て、野球も好きになってくれる。その流れでもいいわけですよね」。

そこで、こうした新たなコンセプトを掲げた東が、最初に打ち出した方針は「ポンポンを持たせない」ことだった。

スポーツの応援といえば、チアリーダーがポンポンを持って踊るという『型』のようなものがあるのも確かだ。それでないと、オリックスでやる意味がないと思った」が「12球団初のことをしようと。

と東はいう。

だから、球団もエイベックス社も「ＢｓＧｉｒｌｓ」は「チア」ではなく「ダンス&ヴォーカルユニット」と呼ぶ。

タオルを回したら、タオルが売れた

そうした新たなチャレンジには、常に〝批判〟も付き物だ。

「勇気がいりましたね」と湊。特に野球界には、依然として「グラウンドに女性が入ってくるとは何事だ」という〝旧態依然のコンセプト〟が残っているのも事実だ。

明治時代から脈々と続く日本野球界の長き歴史。その伝統を築き上げてきた先人たちにとっては、少々理解しがたい部分があるのかもしれない。

しかし、プロ野球はスポーツ・エンターテインメントの一大コンテンツだ。

応援による華やかさをプラスすることは、決してマイナスではない。むしろ、それが求められている時代でもある。

「ＢｓＧｉｒｌｓを作ったとき、湊さんも結構、すごい決断をしはったな、と思いましたね。絶対に賛否両論ありますし、たぶん、バッシングだって受けることもあるでしょう。でも、何に変えても、そういうのは出てくるもんですよね。だから最初、やるからには３年はやりましょうと。でも、次（２０２１年）で8年目になります」

そう振り返った東にとっても、野球界という〝畑違いのフィールド〟に、エンタメのプロとして乗り込んでいくことへの戸惑いが、当初はあったという。

「球団が、どういった客層を呼びたいのか。ファンの人たちが球場に足を運んでくれたところで、野球が好きで、ＢｓＧｉｒｌｓのファンになる人もいるでしょうし、逆にライブとかでＢｓＧｉｒｌｓを見て好きになって、そこで野球も好きになって、球場に来ることもある。僕らには、後者の取り組みの方がそうなのかなと。でもどちらにしても、目的は集客増ですからね」

だから、野球界という枠の中から考える必要など、全くないのだ。

例えば、ＢｓＧｉｒｌｓは、プレーボール前にグラウンドで曲を披露する。

試合前のドームには、１万人近いファンが入っているとはいえ、まだ空席が目立つ時間であるのも確かだ。これは、都市部を本拠地とする球団にありがちなことで「平日のナイターだと、午後7時を過ぎたくらいでないと、人が集まってこないんですよね」と湊。

試合開始前は、決して満員の状態ではないのだ。

ところが、エンターテインメントの世界に置き換えれば、その空席が目立つ中でも、1万人の観客だと「大阪城ホールでコンサートをしているような動員数」と東は表現する。

つまり、オリジナル曲とダンスを披露する〝観客1万人のステージ〟が、年間70試合近くある計算になる。

試合前のパフォーマンスで球場を盛り上げる「BsGirls」(写真は2020年の様子、提供:オリックス・バファローズ)

同じ〝舞台〟を見る視線も、立場が違えばこれだけ変わるのだ。

「1試合で、平均でも1万人、2万人の人たちがずっと見てくれる。だから、彼女たちの認知度はすごく高いんです。それにプラス、外のイベントとかに出ていけば、当然ながらプロ野球という有名なステージの中で、こういうことをやっているというだけでスポットは当たるんです。だから、もしかしたら、まだ自分たちはそういうところを生かし切れていないのかもしれません。爆発させたいな、というのはありますね」

発足した2014年(平成26年)。オリックスはソフトバンクとの激しい優勝争いを繰り広げた。

そうすると、東も全く想定していなかった〝取り上げられ方〟をされたという。

「勝利の女神」

つまり、ＢｓＧｉｒｌｓが来て、オリックスが勝ち始めたという図式だ。

「ＢｓＧｉｒｌｓができて、バファローズが強くなった。絵に描いたようなストーリーになったんです。だから、一気に有名になったんですね」

メンバーには、３００番台の背番号が与えられる。選手と同じユニホームを着て、試合中は応援のリードを取る。選手と同様に、個人のファンもつき始める。

そうした彼女たちのファンは、野球が主ではなく、メンバーが目当てだ。

ドームに通うようになると、彼女たちのパフォーマンスをより近くで見たいと、グラウンドに近い、比較的高価な席のチケットを押さえるという。

メンバーの個人グッズも、新商品が出るたびに購入してくれる。

オリックスは試合中、５回終了後のグラウンド整備中に、ＢｓＧｉｒｌｓのメンバーがスタンド前に並び、曲に合わせて、タオルを振り回すというパフォーマンスを展開した時期があった。

すると「タオルを回すようになったら、タオルが売れたんです」と東。こうした傾向は、ファンクラブのポイント付与のデータで、球団側もすべて把握している。

グッズの権利などは、すべてオリックスにあるのだという。

エイベックス側は、メンバーのマネジメントだけ。しかし、それでも「あの子たちの人気が出て、ＣＤが売れれば収益が出るんです。成り立つのは成り立ちますね」と東。実は関西のエイベックスでは「優良アーティスト」に位置づけられる存在なのだという。

夢は「紅白」

大阪市西区にある「オリックス劇場」は、かつての大阪厚生年金会館を改築、収容人数は２４００人だ。そこで単独公演を打つと「パンパンになる」と東は証言する。

「球場に来ていただいたら、やっぱり、ＣＤとかが売れるんですよ」

仰天のエピソードがある。

オリコンのカウントは、今は行っていないというが、30位以内にＣＤの売上が入るとオリコンに名前が載るのだという。それは、アーティストにとっても勲章だ。

２０１４年（平成26年）7月に、ファーストシングルを発売したとき、東は「30位以内に入ったら、全員に焼肉おごってやるよ」と豪語したという。

「僕の中では、入ると思っていなかったんです」

激励を込めての提案だったが、これがなんと、最高24位まで浮上したのだ。

しかも、関西では1位に輝いたという。

肝心の野球の方では、1996年(平成8年)に日本一に輝いて以降、完全に遠ざかっている「1位」の座を、BsGirlsの方が先に取ってしまったのだ。

というわけで「全員、焼肉に連れて行かないといけなくなりました。食い放題のところでしたけど、貸し切りにしました」。

その相乗効果は、とてつもないパワーを秘めている。

「僕の個人的な夢は『Mステ』に出ること。難しいですけど、そこまでいけば『紅白』もですね。出たらすごくないですか? 夢、あるでしょ? 叶わぬ夢じゃないような気もしていて、どうせやるなら、そこを目指そうぜと。球団の宣伝にもなるじゃないですか?」

『Mステ』は、1986年(昭和61年)からテレビ朝日で放送されている音楽番組「ミュージックステーション」で、『紅白』は言わずと知れた大晦日の一大番組、NHKの「紅白歌合戦」のことだ。

東の描くシナリオは、こういうことだ。

BsGirlsの曲がヒットして、Mステに呼ばれる。

当然ながら、話はオリックス・バファローズの説明になる。

「ああ、野球の？」となる。

紅白ならば、彼女たちの〝お供〟の形で、吉田正尚や山本由伸らの主力選手がゲスト出演することになるかもしれない。

エンタメの専門家が語る「演出の可能性」

一見すれば、本末転倒に映る。しかし、その順序はどちらでもいいのだ。

ワサビが評判になれば、蕎麦の方もぐっと引き立つのだ。

「なんなの？　野球で、ダンス&ヴォーカルユニットって何？　になるでしょ。こんなのやってるの、プロ野球？　オリックス、こんなことやってるの？　じゃあ、ちょっと気になるから、行ってみよう、とかになるんです。たぶん、その番組とかを見ながら、同時にネットで調べ出すと思うんですよ。いろんな動画が混じってくる可能性もある。そうするとアクセス数が一気に跳ね上がる。有名になって、メジャーになっていけば、それに対する効果というのは、すごくあると思うんです」

２０１９年（令和元年）からは、ＢｓＧｉｒｌｓのインスタグラムをスタートさせ、若者たちに人気の最大60秒間のショート動画アプリ「ＴｉｋＴｏｋ」にも、ＢｓＧｉｒｌｓのシングル全曲を使えるようにもした。

そうした演出はエイベックスにすればお手の物だが、一方でプロ野球界の弱い部分でもある。そうしたエンタメのフィールドと野球界のコラボは、さらなる可能性が見いだせるというのが、東のような〝エンタメの専門家〟の見解でもある。

「この子たちの人気が上がれば、いろいろなものが勝手についてくる。だから、人気を上げることを重点に動かしている感じです。もっとお客さん視点で、演出がすごいから、オリックス戦を見に行こうかという動機でもいいと思うんですね」

そう語る東は、オリックス以外にも、バスケットボールのＢリーグ・大阪エヴェッサの試合演出を手掛けている。「バスケの方は、照明から音響から演出から、すべてやっているんですよ」と笑いながら、スマートフォンの動画を見せてくれた。

「バフォッ」。選手入場の演出で、真っ赤な炎が上がるのだ。

「ドームもアリーナも同じ〝箱〟なんです。青天井じゃないから、オリックスでもやろうと思ったらできるんです。僕らの視点から見ると、いろいろできるよねと。お金とか度外視したら、物があれば、いろんなことができると思いますね」

京セラドームにしても、年々改装を重ね、観客重視のスタイルに変貌している。それでも、東の目から見ると、もっとエンタメ仕様に変えられる部分があるという。バックスクリーンのビジョンはＬＥＤになった。これだと、ボタン１つで表示をパッと切り替えることができる。

しかし、ビジョン横の広告は「看板」のままだ。

「例えば、横の広告も全部ＬＥＤになったら、広告だって出したいときに出せるじゃないですか。逆に言うと、看板の出し方ももっと大きく出せれば、スポンサー営業もやりやすくなる。どれだけ設備に投資するか、ということにもなるんですけど、演出としてはすごく使い勝手がよくなりますよね。やっぱりライブで貸したりするときに、アーティストのライブでそういうのが使えたりするといいんですよね。

天井にも『ムービング』という動くライトがあって、光が回ったり、ライブとかでよくやる演出なんですけど、例えばボタンをポンと押すと、一手にパッと集中したり、暗転させて真っ暗にして、ピッチャーマウンドのところにパッと光をつけるとか、ピンスポットのでつかいライトを持ってこなくても、そういう操作ができる。そうすると、ドームがもっと生かせる。設備がまだ追いついていないのかもしれませんね」

先に紹介したように、福岡ソフトバンク、北海道日本ハム、西武でも、こうした〝エンタメ仕様〟を想定して、スタジアム内の改善を手掛けている。

「プロ野球界は、ルーティンでやられているところがある。でも、僕らには新鮮に見えるところもあるし、まだまだできることがある」と東はいう。

プロ野球とエンターテインメント分野の相乗効果は、まだまだ生み出せる余地がある。

フィーリングとロジック

ファンとの〝近い距離感〟は、大阪ならではのものかもしれないと湊は分析する。

「大阪のお客さんって、文句を言ってくれるんです。ファンサービスの企画でも『こんなん、あかんで』って、はっきりと言ってくれるんです。いい意味で貪欲というか、足らなかったら欲しい、気に入らないなら気に入らないと言ってくれる。ありがたいことです」

地域によるファン気質。ここをつかんでおかなければ、地域の理解も興味も得られない。

その一方で、顧客データを管理・分析し、的確な企画を打っていく。

フィーリングとロジック。

その配分は、地域の気質や文化によって変わってくる。

「顧客管理にしても、一般企業だったら、ごく普通のことですよね。それを俯瞰《ふかん》的に眺めて、仕事をしていく感じだと思いますけど」と湊。そうしたデータに、大阪の〝人情〟も加味しながら、オリックスは泥臭い、地道なファン拡大を行っている。

「こう言ったら、お客さんに失礼かもしれませんが、ホントに熱心に応援していただいています。だからこそ、何とかしなきゃいけないと思っています。２０１４年のときに、はっきりしていますからね。ドーンと増えていますから。今年は行けるぞ、というのと、変わってきたというのを、ファンは見たいというんですかね」

オリックスが強くなり、長き低迷を脱し、優勝争いを繰り広げるようになれば――。

おっ、あのとき、一緒にキャンプファイアを囲んだ兄ちゃんやんか。

頑張ってるやん。

よっしゃ、いっちょ応援に行ったろか。

その〝浪速ファンの心意気〟を、湊は「信じているんです」。

地道に築いた「絆」は、ちょっとやそっとでは崩れないのだ。

第６章

松坂グッズの仕掛け人は元プロ左腕

中日キャンプ1カ月でグッズ売上1億円

2018年2月、中日ドラゴンズ沖縄・北谷キャンプのグッズ売り場

沖縄で巻き起こった「松坂フィーバー」

ファンが集まれば、そこに『カネ』が落ちる。

ゆえに、プロスポーツの世界における「観客動員数」という指標は重要であり、さらに「スーパースター」という存在は、経営の好循環を創り出すための源泉にもなる。

王貞治、長嶋茂雄、野茂英雄、イチロー、松井秀喜、ダルビッシュ有、田中将大。

その時代を彩る圧倒的な記録とパフォーマンスだけでなく、際立った個性も光る。つまり、あの選手を「球場に見に行きたい」と思わせる魅力を持っているのだ。

その〝集客の法則〟を証明してくれたのが、中日ドラゴンズのキャンプ地、沖縄・北谷《ちゃたん》で巻き起こった「松坂フィーバー」だった。

そのスーパースター効果は「グッズ売上の大幅増」として、顕著に表れたのだ。

毎年2月の1カ月間で2500万円。それが中日・北谷キャンプでの〝相場〟だった。

ところが、松坂が入団した2018年（平成30年）は、キャンプ開始直後の5日間で1000万円に到達。キャンプ終了までの1カ月間で、倍増となる5000万円を売り上げた。

松坂の2年目となる2019年（平成31年）2月の北谷キャンプでは、初日だけで売上

1000万円をクリア。キャンプ中盤過ぎの2月24日、球団史上初の「売上1億円」を突破し、最終的にはキャンプ1カ月間で総額1億400万円にまで伸ばした。

しかも、松坂がいなくなった2020年（令和2年）には、キャンプ初日だけで1300万円を売り上げ、奇しくも前年と同じ2月24日に2年連続で「売上1億円」を達成した。

「松坂大輔」というスターの到来。そのビジネスチャンスを逃すことなく、的確な手を打ち、新製品を企画して販売へとつなげる。

中日は、その〝当たり前の鉄則〟を着実に遂行したことで、年々、倍々ゲームともいえる驚異的な売上増へとつなげていった。

これから、その軌跡を追っていく。

話は「平成の怪物」がやって来た、名古屋の冬の一日から始めてみよう。

「平成の怪物」のプライド

2018年（平成30年）1月23日。

「入団テスト」と位置づけられた舞台を、当時37歳の松坂は「久しぶりの緊張感」と表現した。

メジャーから日本球界に復帰した２０１４年（平成26年）12月、松坂はソフトバンクに入団したが、所属３年間での１軍登板は１試合、１イニングのみだった。

レッドソックス時代の２０１１年（平成23年）に右肘靱帯再建手術、いわゆる「トミー・ジョン手術」を受け、ソフトバンク１年目の２０１５年（平成27年）にも右肩を手術していた。

投げる、痛める、そして投げられない。

負のスパイラルの状態が長らく続いていた。２０１７年（平成29年）には、１軍どころか、２軍でもマウンドに立てなかった。

３年契約の満了に伴い、ソフトバンクが提示したといわれているのは「リハビリ担当コーチ」の肩書で、現役復帰を目指すというものだった。３年間で１軍登板１試合。その実績を踏まえれば、支配下選手の貴重な１枠を松坂といえども与えることはできない。

かといって、日米通算１６４勝（当時）の右腕に「育成契約」を提示するようなことをすれば、ソフトバンクもプロ球団としての見識を問われかねない。

松坂のプライドと、球団側の最大限の誠意を掛け合わせた〝復活への猶予〟でもある。

しかし、松坂はこれを断り、ソフトバンクを去る決断を下した。

神奈川・横浜高時代の1998年（平成10年）、エースとして春夏の甲子園制覇。

夏の準々決勝・PL学園戦では延長17回・250球を1人で投げ抜き、決勝の京都成《せい》章《しょう》戦ではノーヒットノーラン。「平成の怪物」という代名詞にふさわしい大活躍だった。

1998年、ドラフト1位で西武に入団すると、ルーキーイヤーから3年連続最多勝に輝いた。2001年（平成13年）には、その年に最高の働きを見せた先発タイプの投手に贈られる「沢村賞」も獲得している。

2007年（平成19年）からはメジャーに活躍の場を移すと、その年にいきなり、レッドソックスでワールドシリーズを制覇。五輪は2度、WBCでも2度日本代表になり、WBCは2年連続で世界一にも輝いている。

時系列でその実績を並べていくだけでも、松坂という投手のすごさが伝わってくる。

全盛期の150キロ超、あの浮き上がるような快速球はもう投げられないかもしれない。

しかしこの右腕には、日米の第一線で投げ続けてきた〝投球術〟がある。そしてネームバリューもある。中日が、復活への期待にかけるだけの魅力は、十分に兼ね備えている。

松坂大輔、入団決定。

その一報に、名古屋は瞬く間に〝松坂フィーバー〟に包まれた。

リニア開通と「スター」の入団

松坂入団の翌24日、名古屋市内の中日球団事務所には〝問い合わせ〟が殺到していた。

「松坂投手の〝新しいグッズ〟はいつ出ますか?」

2月から始まる沖縄・北谷キャンプに合わせてタオルやキーホルダー、レプリカユニホームなど、数種類でも発売することができれば、経済的効果は大きい。

中日は、観客動員数の伸び悩みに苦しんでいた。

1997年(平成9年)にナゴヤドームが開場。その年、巨人に次ぐセ・リーグ2位の260万7500人の観客動員をマークしている。

ただ、翌98年から2020年(令和2年)までの23シーズンで、その数字を上回る観客動員数は挙げていない。

2013年(平成25年)には、ナゴヤドーム開業後初の200万人台割れ(199万8188人)。2017年(平成29年)も201万772人にとどまり、シーズン終盤には空席も目立つようになった。

人気回復という観点に立てば、中日にとっては、松坂の入団は待望久しい「スター」の到来ともいえた。予告先発制度で松坂の先発がその前日に発表されれば「明日見に行こう」と思わせるだけの存在であり、ナゴヤドームに足を運ぶファンも増えるという計算も立つ。

しかも、球団を取り巻く名古屋の経済環境が、大きく変化しようとしている。

名古屋は現在、2027年（令和9年）開通予定の「リニア中央新幹線」に伴い、再開発が急ピッチで進んでいる。東京と名古屋をわずか40分でつなぐ陸上の輸送路は、人や物の流れを激変させる可能性がある。

その拠点となる名古屋駅を中心とした「名駅」と呼ばれる地域は、将来を見越した大型投資が続々と行われている真っ只中だ。

中日の親会社・中日新聞社も、ドラゴンズの球団事務所も入っていた栄の「中日ビル」を2019年（平成31年）3月末で閉館、2020年代半ばの完成を目指しての建て替えを行っている。

もちろんリニア開通にあたり、名古屋経済のさらなる活性化を睨んでのものだ。

ただ、名古屋一の繁華街ともいわれ、ビジネスの中心地でもある栄は、大型開発が続く名駅エリアと比べると再開発への動きは遅く、中日ビルの建て替えに関しても、その効果を疑問視する地元の声すらある。

名古屋が新たな時代を迎えようとしている中で、グループのシンボル的存在であるドラゴンズの低迷は、グループ全体の将来イメージにおいて、マイナスにしかならない。

松坂自身が復活物語を描くことができれば、松坂という〝商品〟に投資した中日の英断もたたえられる。一方で、松坂が惨めな結果に終われば、そのキャリアにも傷がつき、中日の皮算用も嘲笑される。

プロ野球が、その親会社やグループ企業に与える〝シンボリックな効果〟は、時代が移り変わっても、大きいものがあるのだ。

「最後、5%を残せ」

「いろいろと考えましたね。厳しいところもありました。準備期間があれば、もっといろいろとできたんでしょうけど」

中日・松坂が誕生した当時の日々をこう〝総括〟してくれた中日の営業本部企画営業部課長・北野勝則《きたのかつのり》はかつて、中日の中継ぎ左腕として活躍した元プロ投手だった。

1967年（昭和42年）生まれの左腕は、三重・海星高のエースとして1985年（昭和60年）夏の甲子園に出場し、3回戦進出を果たしている。

その夏、全国制覇を果たしたのは桑田真澄（現巨人1軍投手チーフコーチ補佐）と清原和博（元西武など）を擁したPL学園高だった。早大進学を打ち出していた桑田を巨人が1位指名、巨人を熱望していた清原が西武の1位指名を受けたその秋のドラフト会議で、北野も4位で横浜大洋（現横浜DeNA）から指名を受け、プロ入りしている。

中日ドラゴンズ営業本部企画営業部課長、北野勝則

1990年（平成2年）に中日へ移籍。94年（平成6年）にはチーム最多の44試合に登板。1メートル87センチの長身で、左のサイドハンドという最大の特徴を生かし、中継ぎとして貴重な役割をこなし続けた。

動画サイトのYouTubeで、北野の現役時代の雄姿を探し当てることができた。

1994年5月31日。東京ドームのマウンドに北野が立っていた。

3―3の同点で迎えた延長10回裏。1死一塁の場面で打者は松井秀喜。カウント1ボールから、北野は131キロのスライダーを投じた。快音とアナウンサーの絶叫が、その結末を物語っていた。

当時、松井はプロ2年目の19歳。後に日本で本塁打王3回。メジャーでの成績を合わせると、現役20年間で通算507本塁打を放ち、国民栄誉賞にも輝いた名プレーヤーが、プロで初めて放ったサヨナラ本塁打は、この日の北野からのものだった。

己のパフォーマンスがチームの勝敗を左右する厳しいリリーバーの宿命に耐えながら、北野はプロ13年間で178試合に登板。その間、一度も先発経験がない。

決して目立たない中継ぎという役割を、黙々とこなしてきた。

「格好つけて言いたいのは、自分がプロ野球選手だったとき、野球がやりたい、家族を養いたい、そう思って一生懸命、野球を勉強したし、練習をしたということです。エースと呼ばれていた人より、もっと練習しないとクビになる。スピードも馬力もなかったですが、誰よりも一番練習しました。だから13年も現役生活を続けられたと思っています」

現役を引退した1999年（平成11年）から13年間、北野は中日の2軍マネジャーを務めた。

2軍遠征の際の宿舎ホテルから食事、ランドリー、球場往復のバスの手配といった雑務をすべて、1人で担当する。さらに、2軍監督の秘書的な役割も加わってくる。

2月のキャンプ中には、ファームに関する経費の精算など、あらゆる雑務が北野のところへ回ってくる。伝票を記入しながら、連絡のメールも打つ。宿舎へ戻る選手のために、バスの手配もしなければならない。

キャンプ終盤のある日、北野は段ボール製の衝立《ついたて》を自分で作り、自分の周囲に配置した上で、その外側には「北野はいません」。

そう黒マジックで記した壁で作った〝部屋の中〟で、書類作りに集中したこともあった。

1軍と2軍の選手入れ替えが決まると、北野のところに連絡が来る。

ナイター後の1軍とデーゲームのファームでは、生活リズムは完全に逆になる。それでも北野は、いつ何時、1軍から連絡があってもいいように、携帯電話を握ったまま床についていたという。

「すべてを動かさないといけない部分でしたからね」

その後、査定担当を3年間。これは、1軍の全試合に帯同し、1球ごと、1プレーごとに評価を下し、そのプレーに関わったプレーヤーに対し、球団で定められたポイントをつけていく仕事だ。加点もあれば、もちろん減点もある。このトータルが、オフの契約更改のときに選手の年俸を決める、貴重な基礎データとなるのだ。

「選手のときは、たくさんの給料を稼ごうと考えますよね。マネジャーだと、会社のお金を使って運営していく。査定は給料を決める。でも営業に入ると、今度は会社のお金を稼がないといけない。働きによっては、会社もしっかり安定するし、自分の頑張りで、いい選手が獲れたり、チームが強くなったりできるかもしれない。そう考えると、仕事に対して180度、見方が変わりましたね」

2軍マネジャーも査定担当も、球団フロントの仕事の中では〝現場寄り〟にウエートがかかっている。プロ野球選手としての経験が、大いにモノを言う部分がある。

しかし、営業はそれこそ畑違いだ。物を売り、お客さんに買ってもらう。

高校卒業後、すぐにプロ野球選手となった北野にとって、そうした商売の最前線での経験などは、全くなかったに等しい。

「戸惑いより、仕組みを覚えるのに必死でしたね。言葉がまず分からないんです。最初は自分が〝他の国〟に行ってるのかと思ったほどです。野球だって、例えば『インフィールドフライ』って言っても、野球を知らない人には全く分からないじゃないですか？」

グッズの発注でも「初めは、怖くて500とか1000個とか買えなかったんです」。

その『数』の感覚をつかむのが、実に難しかったという。

「100個でできる、200個でできるものって、成功しても黒字は少ないし、失敗しても赤字は少ない。誰でもできるんです。1000個とか1万個を売って、利幅がいくらになるのか。1万個をどうやって売ろうか。すごく勇気がいることでした」

しかも、売り切ったら成功ではないという〝販売のコツ〟も、実体験を積むことで分かってきたのだという。

「品切れ」というのは「機会損失」でもある。

商品を欲しいと思っているお客さんがいるのに、商品の在庫がなかったばかりにさらなる売上のチャンスを逃すことと捉えられ、「儲け損ない」とも呼ばれるのだという。

「最後、5％を残せ、っていうのが難しい。大成功って、1万個作って、5％残すことなんだそうです。全部売り切ったらよかったと思ったんですけど、違いました」

北野はそうした貴重な教訓を1つずつ、現場で学んできた。

キャンプ初日にタオルが完売

選手のグッズで、ファンからの注目度が高い一品に「レプリカユニホーム」がある。選手が試合で着るものと完全に同じ素材で、選手名のローマ字表記や背番号、胸の「DRAGONS」のロゴも全く同じだ。1着7400円（税込）と値段は張るが、コアなファンにとっては、選手と同じものを身につける喜びは、何物にも代え難いのだ。

ただ、本物だけに、作製にも手間暇がかかる。

業者に注文を出してから完成まで約3カ月、発注数も最低で1000枚からになる。通常なら、シーズンオフのトレード、FA、ドラフトなどでの戦力補強を見極め、10月から11月にかけてグッズの企画、発注を行い、2月のキャンプインと同時に、キャンプ地やオンラインでの販売ができるよう準備を進める流れになっている。

ところで、2018年（平成30年）に松坂の入団が決まったのは1月23日、背番号「99」が発表されたのもその日だった。2月1日のキャンプインは、わずか9日後に迫っていた。

松坂の新グッズに関して、ファンや報道陣から、北野のもとに問い合わせが相次いだ。

レプリカユニホームは間に合わないにしろ、松坂の関連グッズを急いで出せば、売れるというのも予測がつく。それでも北野は、沖縄・北谷でのキャンプイン初日に松坂グッズを売り出すことを、一度は見送ろうと考えたという。

北野が危惧していたのは、売上のことではなく、実は〝その後〟のことだった。

もし、準備した商品を売り切ってしまうと、次の入荷がいつになるか分からない。

「そうなると、松坂のグッズを楽しみにしてキャンプ地に来たお客さんの期待を裏切ってしまうことになるんです」

ならば、品数や種類をある程度揃えるメドがついてから、松坂グッズの販売を開始した方がいいのではないか。それが〝キャンプ初日発売〟を、北野がいったんは見送ろうとした最大の理由だった。

ただ、周囲の関心の高まりや、松坂に関する報道の過熱ぶりも無視はできなかった。

プロスポーツは、そうした盛り上がりを生み、話題を作ってナンボの世界でもある。

そこで北野は、松坂の名前入りタオル（税込2000円）をまず100枚、「MATSUZAKA」のネーム、背番号の「99」、右隅にハイビスカスのイラストが添えられたキャンプ地限定の「サポーターズユニホーム」（同6000円）100着を、2月1日のキャンプインに急いで間に合わせ、北谷球場前のグッズ売店で売り出した。

するとタオルは初日、ユニホームも2日目で完売してしまった。

人気選手でも、キャンプ中の1カ月間で、名前入りのタオル100枚を売り切るのは、限られた数名に過ぎないという。

しかも、松坂グッズの勢いに乗り、他の選手のグッズまでもが売れ出し、キャンプ開始直後、第1クールの5日間の売上が「1000万円」を超えたのだ。

驚くべき売れ行きだったが、喜んでいる暇はなかった。

完売した松坂グッズを求めるファンに、北野は「できる限りの数は用意していたんですけど」と、ひたすら謝り続けた。

何度も追加発注をかけ、沖縄に送られてきたら、すぐに売店へ置いたが、それでも瞬く間に売れ、何度も品切れ状態に陥った。最終的にキャンプ1カ月間でのトータルは、前年の2倍となる5000万円を売り上げた。

北野は、松坂の加入によって「客層も変わった感じがしますね」と分析した。

中日キャンプに来るファンは、名古屋や東京からツアーを組んで沖縄にまでやって来る熱心な〝コア層〟に加え、松坂見たさに「地元の方の来場も増えましたね」。

さらに、元メジャーリーガーの松坂は、沖縄駐留の米兵たちの間でも、抜群の知名度だった。若き米兵たちが、大挙して北谷球場にやって来ると「ダイスケ」と声援を送り、グッズも大量に購入していったのだという。

北野にも球団にも、それは予想以上の反響と人気ぶりだった。

だからといって、人気商品のレプリカユニホームを発注する決断は簡単ではない。

ユニホーム発注の根拠

中日の場合、北野が球団グッズの企画や発注を統括しているが、ナゴヤドームと中日球団とは別会社のため、ドーム内でのグッズ販売はドーム側がイニシアティブを取る。

北野が予測した数と、ドームからの発注が合わなければ、球団の在庫としてだぶついてしまうのだ。

2月初旬の時点で、レプリカユニホームの発注をかけ、業者側に急いでもらえば、開幕に間に合わせることはできる。

しかし、もし松坂が故障などのアクシデントで開幕1軍を逃し、キャンプ時のような盛り上がりがしぼんでしまっていたら、一体どうなるのか。

ナゴヤドーム側から「レプリカはそんなにいらない」と言われてしまえば、発注したものがそのまま、在庫の山となってしまう。

そうした〝最悪のシナリオ〟を想定する一方で、当然ながら、その逆も考えられた。順調に調整が進み、開幕からの先発ローテーションに入って松坂が投げるようなことがあれば、世間の注目度はさらに跳ね上がる。そうすれば「99」のレプリカユニホームをファンが欲しがることも、間違いのないところだ。

北谷キャンプ中、業務の合間を縫って北野はたびたびブルペンへ足を運び、松坂の投球練習を〝プロの目〟で、何度も確かめた。

「ひょっとしたら、キャンプ中にアクシデントがあって、投げられなくなって、退団するかもしれないということまで考えました」

それは、球団の収益を左右する部署で働く一員としての、一種の危機管理でもある。

テスト入団が決定した直後、松坂に対するネガティブな情報は多かった。

メジャーから帰国後、所属したソフトバンクでの3年間で1軍登板は1度だけ。中日入団の前年は2軍ですら投げていない。メジャー時代に右肘、２０１５年（平成27年）にも右肩にメスを入れている。

いくら「平成の怪物」と呼ばれたスーパースターでも、復活は難しいのではないのか。北野は、そうした疑念を、自分の目で確かめることで1つずつ消していった。復活をかける松坂の姿に、北野は「何よりも、野球が好きな顔をしていますよね」。

北野の現役引退は1998年（平成10年）。その翌年、松坂はプロの世界へ飛び込んできた。

横浜高のエースとして、春夏の甲子園を連覇したスーパースターを「テレビでよく見ました。すべてが完成されている感じがしましたね」。

その松坂が今、己の可能性を信じ、現役にこだわり、必死に投げ続けている。

北野は、その心意気に感じ入るものがあった。

その年、中日の本拠地開幕は4月3日からの巨人3連戦だった。

松坂のレプリカユニホームという、新たな目玉商品をドームの売店に並べるとすれば、遅くとも2月初旬には発注しないと、間に合わないのだ。

「だから『GOサイン』を出す勇気がいりました」

3月のオープン戦は3試合登板。同25日の千葉ロッテ戦（ナゴヤドーム）で先発投手の責任回数とも言われる5回を3失点にまとめると、松坂はナゴヤドームでの開幕3戦目となる4月5日の巨人戦の先発マウンドを勝ち取った。

その試合こそ負け投手にはなったものの、5回3失点（自責2）の好投で幕を開けた松坂の2018年（平成30年）は6勝4敗。セ・リーグの「カムバック賞」を獲得する活躍ぶりだった。

松坂の〝中日初登板〟に合わせ、北野はレプリカユニホームをナゴヤドームの売店に並べることができた。途端に、北野の携帯電話が鳴りやまなくなったという。

商標登録、つまり中日のマークを使ったグッズに販売などの許可を出すのも北野の仕事だが、松坂グッズの提案が、業者からひっきりなしに入ってきた。

松坂は、これまでに多くの関連商品が出ていることもあって、類似品を避けたり、権利の関係を確かめたりする際、北野は松坂と接触する機会も増えてきた。

そのとき、グッズ用のサインも頼んでも、嫌な顔ひとつしなかったという。

「我々との対応も、すごく気持ちよくやってくれたんです。若い選手にも『ああやるから、人気があるんだよ。松坂の真似をした方がいいよ』と、いつも言ってたんです」

グラウンドでも、そしてグラウンドの外でも、1年目の〝松坂効果〟は絶大だった。

その翌年、『松坂大輔』に加え、『根尾昂《ねおあきら》』という、新たな『甲子園のスター選手』が加わることで、中日にさらなる経済効果を生み出すのだ。

超ビッグルーキー 根尾昂

1998年(平成10年)に横浜高のエース・松坂大輔が甲子園春夏連覇を果たしてから、ちょうど20年後となる2018年(平成30年)、平成最後となった夏の甲子園で春夏連覇を達成した大阪桐蔭高で、投打の二刀流で名をはせたのが根尾昂だった。

学業優秀、読書家で、両親は医者。岐阜県生まれで、小学校時代にはドラゴンズ・ジュニアチームでも活躍した経験がある。中日のおひざ元で生まれた、まさしく地元育ちのスターが、中日のドラフト1位指名を受けてプロ入りしたのだ。

そのドラマ性を帯びた2つの〝強力アイコン〟の存在が、沖縄・北谷キャンプでのさらなるフィーバーを巻き起こした。

北野は、その予兆を、2018年11月のファン感謝デーから感じていたという。

5位に終わり、6年連続のBクラスに低迷しながら、3万6000人のファンがシーズン最後のイベントに集まった。例年は3万人前後だから、2割増というわけだ。

「シーズン中も、松坂君が投げたらお客さんが来る。チーム成績がいいというわけでもなかったのに、ファン感謝デーのお客さんを見て、これは『来年への期待』だと思ったんです」

2018年、中日の主催試合での1試合平均の観客動員数は前年比8・3％増となる3万2331人。これが、松坂が登板したナゴヤドームの9試合に限ると、1試合平均は3万3043人と、さらに数字が跳ね上がったのだ。

この手堅い「松坂人気」に加え、根尾の加入でファンの期待と関心がさらに高まることを予測した球団側は、2019年（平成31年）2月の北谷キャンプへ向け、綿密な準備を行ってきた。

まず、1月に球団の営業部門を改編。グッズ販売などを担当する「企画営業部」、イベント運営に特化した新設の「イベント推進部」、「チケット部」と合わせての3部門となった。よりきめ細かいファンサービスを行うための態勢づくりだ。

中日はかつて、ルーキーのグッズは基本的に作らないという不文律があった。

これを覆《くつがえ》したのが、神奈川・東海大相模高で夏の甲子園優勝投手となり、2015年（平成27年）のドラフト1位で入団した小笠原慎之介《おがさわらしんのすけ》だった。

根尾はその左腕すら上回る、超ビッグルーキーともいえる存在でもある。

「根尾君は日本中が認める選手。むしろグッズがない方がおかしいですよね」

北野の見解に、疑問を挟む余地は全くないだろう。根尾も小笠原に続いて、高卒ルーキーながら、即グッズ解禁となった。

白のホーム用、ブルーのビジター用と2種類のレプリカユニホーム、マフラータオル、ペンケース、キーホルダーなど、松坂と遜色ない種類のグッズを準備した。

さらに北谷キャンプでのグッズ売り場はこれまで、球場正面脇のテント1張分のスペースだったが、これをテント4張分に拡大。またファンの混乱を避けるため、これまでは球場正面横に設置していたグッズ売り場を、運動公園の入り口から球場正面までの通路沿いに変更することも決めた。

ガードマンも昨年までの200人から倍の400人に増やして警備を強化。こうした〝ファンサービス拡大案〟を、北野は年末年始にかけて複数回、北谷球場を現地視察し、北谷町側とも綿密に打ち合わせた。

その予測通り、いや、それ以上の光景が、北谷キャンプ初日から見られることになる。

37万9000円の領収書

練習開始は午前10時。

ところが、グッズ売り場の前に、練習開始前から200メートル以上の行列ができた。

根尾というフレッシュなルーキーのグッズに加え、松坂が前年の背番号「99」から「18」に変更したことも、その売上に拍車をかけた。

日本での「18」は、投手の「エースナンバー」でもある。

この「18」にまつわるグッズを、マニアックに集める野球ファンがいるのだという。

長いブランクを経て、復活を遂げた前年に6勝を挙げ「カムバック賞」を受賞。過去の実績を踏まえても、松坂が「18」をつける〝環境〟は整っていた。

「松坂君が活躍してくれたんで、我々も推したんです。彼にも『18』にこだわりがあったでしょうから」

北野が、その内幕を明かしてくれた。

当時、「18」を背負っていたのは2013年（平成25年）のドラフト1位右腕・鈴木翔《しょう》太《た》（2020年末に阪神移籍）だった。

2019年キャンプグッズの目玉は「根尾昂」

「鈴木君の気持ち次第です」と遠慮した松坂に、球団側は「格が違うよ」。

松坂の場合は西武時代、さらにメジャー時代のレッドソックスでも「18」だった。

２０１８年の「99」も、レア感たっぷりで人気を博したが、中日のユニホームでの「18」は、２０１９年の北谷キャンプが初お披露目となる。

そうすると「99」のグッズを持っているファンも、思わず買い直すというわけだ。

さらに、松坂、根尾の2人に次ぐ売上を見せたのが、当時プロ3年目の内野手・京田陽《きょうだよう》太《た》のグッズだったという。実は京田も、２０１９年から背番号「１」に変更していた。

中日の背番号「１」は、華麗なるバックト

スで「プロ野球史上最高の二塁手」と称され、後に中日監督も務めた高木守道《たかぎもりみち》、さらには米メジャーで活躍した後、阪神でのプレーを経て2020年（令和2年）末に中日に復帰した福留孝介《ふくどめこうすけ》が2006年（平成18年）にセ・リーグMVPに輝き、2度目の首位打者も獲得した〝第1次〟の中日時代に背負っていた。

栄光と歴史を受け継ぐ、ドラゴンズの象徴的なナンバーでもある。

そうした付加価値もついているからこそ、レプリカユニホームをはじめとした京田の新グッズが、中日ファンの大きな関心を呼んだのだ。

松坂、根尾、京田のグッズが、全体の売上を牽引《けんいん》していく。

北野がこっそりと見せてくれたのは、スマートフォンで撮影して記録した1枚の領収証だった。なんと、1人で「37万9000円」分のグッズを大量購入したファンが出現。北野は〝レコード記録〟の領収証を思わず、写真に収めたという。

こうしたまとめ買いも目立つようになったのが、昨今のトレンドだ。

これは、あるファンが北谷にキャンプ見学に行くという計画を明かすと、他のファンや友人から、新しいグッズの購入を頼まれるという図式なのだそうだ。

1人で4～5万円分を買って帰る人もざらで、5万円以上の領収書には添付の必要がある収入印紙のストックが、キャンプイン初日の2月1日に、いきなり切れてしまうという、仰天のハプニングも起こった。

そして、初日の売上はいきなり「1000万円」を超えた。

キャンプでの一日での〝4桁万円〟の売上は、球団史上初だった。

例年、週末の土・日曜日でグッズ売上が多いときでも200〜250万円だから、単純に4倍増。前述したように、1000万円の売上は、2018年なら1クール・5日分、それ以前にさかのぼれば、キャンプでの1カ月分にあたる金額だった頃もある。

しかも、キャンプ終盤の2月24日、球団史上初となるキャンプ中のグッズ売上で「1億円」の大台を突破することになる。

Tシャツ1枚2000円か、3000円か

2019年（令和元年）末、松坂は中日を退団。古巣西武へ移籍することになった。

〝松坂ロス〟の2020年には、マイナスの面が出る可能性があった。

ところが、球団グッズの売上はさらに跳ね上がることになる。

「思い切ったことをやりましょうと。少々、商品が多めに残ろうが、儲けの方が多いです

よと、業者さんとも話し合って、しっかりと準備しました」

これまでの実績を踏まえ、手ごたえをつかんだ北野は強気に出た。

最初に仕掛けたのは、キャンプ地限定の特製Tシャツだった。2019年9月に発案、10月にデザインを決め、11月に5500枚を発注した。

売上予測は4500枚。残り1000枚は「余分に作ってあると、いろいろと活用できるんです」と北野。例えば、営業関係のあいさつ回りで、そのTシャツをお土産に持っていくこともできる。これでも「儲け」は十分に出せるという判断で、北野は1枚税込「2000円」で価格設定した。

球団からは「これは売れる。3000円にした方がいい」。

それでも、北野はこの提案を突っぱねた。

「3000円なら1枚しか買ってくれない。でも2000円なら、2枚買ってくれるんですよ」

それは、キャンプのグッズ売り場に立ち続けてきた北野の〝経験則〟でもあった。

そのTシャツに、〝新たなストーリー〟をつける作戦にも出た。

2月のキャンプイン直前。中日の選手会は1月下旬に北谷に集まり、選手だけで体作りと沖縄の気候になれるための合同トレーニングを行う。

Tシャツは一対のシーサーがそれぞれバットとグラブをくわえている沖縄ならではのデザインで、青とピンクの2色。これを自主トレ参加の全選手、スタッフ全員で着用することにしたのだ。

参加選手全員が、それを着てグラウンドに立った。

その光景と内容を球団広報が中日の番記者たちに伝えると、その日の記事になった。ネット上でも、その日のうちに記事と写真が配信された。

北野の目論見通りに、「選手も着たキャンプTシャツ」は大きな話題を呼んだ。

あらかじめ1000枚を残しながらも売り切って「数字としては、前年をはるかに上回りました」と北野。「しっかり準備ができましたね」。

テント横には、船に載せるコンテナを1台借り上げて設置、倉庫代わりとして、グッズの在庫を保管。途切れることなく補充できる態勢も整えていた。

キャンプ限定Tシャツの企画・販売も、これが3年目だった。

1年目は発注が少なすぎて、品切れが発生した。追加した商品を名古屋から沖縄へ送ってもらっても、タイムラグが発生してしまう。そこで北野が空路名古屋へ戻り、持てるだけのTシャツをカバンに詰め込み、北野自身が抱えて再び沖縄へやって来るという羽目になったという、苦い経験もあった。

それが今では、北谷で実売しながら、その横でオンラインでの販売も並行している。

「他の商品も手厚く持っていったんで、全体的に売れました。全部が売り切れてしまう商品はなかったですね。選手のグッズは全体の3分の1くらいでした。他のものが売れました」

北谷での売上増に反応した沖縄県内の企業からは、コラボ商品の提案があった。

6社と商品開発に乗り出し、ちんすこうや泡盛など、沖縄限定の商品に中日のマスコットキャラクター・ドアラがコラボするなど、キャンプ限定品を含め、40種類のグッズを準備した。

ハイビスカス柄のキャンプ地限定ユニホームは、2020年にちなんで「2020枚」の限定品。こうした仕掛けも、松坂フィーバーの経験が大いに生きたと北野はいう。

「だから、松坂君のおかげですよ」――。

元中継ぎ左腕の「役目」

プロ野球選手時代、北野はファッションにそれほど興味がなかったという。

しかし、球団グッズを担当するようになると、アパレル業界の人たちとの付き合いも増えてきた。新たに出会った世界は新鮮であり、刺激も大きい。

「来年の春物は、今年の夏に決まるんですね。来年の夏ものは秋冬に、つまり半年前に準備するんですね。どんな色が流行るのか、そういう話に敏感になりました」

笑いながら「スーツのラインって、イタリアから来るって知ってました？」。

ちょっぴり、ファッションの〝うんちく〟も語ってくれた。

「スーツのライン、細い、太い、色。今のイタリアを見ると、来年のラインの幅が分かるっていわれているんですよ。ちょっとずつ、何にでも興味を持つことかもしれませんね。無理だと思うと、心も閉じるんですよ」

プロ野球選手、２軍マネジャー、査定担当、そして営業担当へ。北野が移っていくその先々には、常に〝未知との遭遇〟が待っていた。

「誰でも、プロ野球でやってきたプライドというのは、持っていると思うんです。でも逆に言えば、仕事でも遊びでも、プロ野球選手をやっていたときにはできなかったことができるんです。マネジャーもやって、こういう営業のこともやった。一生懸命、何でも興味を持ってやれば生きていけるんです。普段、野球選手よりも普通の人の方が大半なんですよ。普通の社会に溶け込まないと、というそっちの気持ちの方が強かったですね。家族を見て、自分の子供を見て、彼らの方が一般社会に溶け込んでいましたからね」

グッズを求めるファンに、売り場で対応している北野を見ると、さすがに元プロ野球選手だ。1メートル87センチの長身もさることながら、体が分厚いのだ。

頭1つ、抜け出た格好だ。やっぱり、目立つのだ。

「でっかいでしょ？　でも、これでもプロでは通用しなかったんですよ」

商談時に、そんな小ネタを挟んだ挨拶も交わせるようになった。

現役時代も、チームのピンチを幾度も救った元中継ぎ左腕は、現役時代と同様、営業の世界でも、選手とファンをつなぐ、貴重な〝つなぎ役〟を、見事に果たしているようだ。

終章

「絆」は取り戻せるのか

東日本大震災とコロナ禍からの教訓

2011年4月、被災地を訪問した楽天の田中将大投手（中央）ら。手前左は嶋基宏選手（提供：時事）

消えた「大観衆」

新型コロナウイルスという〝目に見えない脅威〟が世界を席巻している。

自覚症状がないまま、気づかないうちに感染している恐れがあるという。その無症状の人間がウイルスのキャリアとなってしまい、他人にうつしてしまうのだ。

世界中に蔓延したことが伝えられてから、およそ1年が過ぎた2021年（令和3年）に入っても、特効薬は開発されておらず、ワクチンの効果も十分に証明されてはいない。

ウイルスの恐るべき〝拡大力〟の前に、人智も、科学の力もまだ及んでいない。

その闘いは、長きにわたって続きそうな気配さえ漂っている。

咳、くしゃみ、つばなどによる「飛沫感染」。

感染者が咳やくしゃみを押さえたその手で周りのものに触れてしまうと、そこにウイルスが付着する。それを触ったまた別の人が、その自分の手で口や鼻を触ると、粘膜から感染するという「接触感染」。

これらを防ぐためには、密閉空間、密集場所、密接場面の〝三密〟を避ける必要があるといわれている。ここから導き出された予防策が「新たなる行動様式」という新語になる。

人と会わない。家族など普段会う人以外との会食は避ける。会話のときはマスク着用。

人と人との間隔は2メートル。その「ソーシャル・ディスタンス」を取る。ビジネスでも相手に直接会うのは避け、オンライン上で行う。自分の無秩序な行動が、知らぬ間に感染を広げる恐れがある。

それは、他人を慮《おもんぱか》る行動ともいえる。しかし裏を返せば、会う人すべてに、ひょっとしたら、あなたは感染者かもしれないと疑ってかかることでもある。

人と人との触れ合いが、絶たれようとしている。

プロ野球界も、コロナ禍の影響があらゆるシーンに及んでいる。

人数制限のスタンドから「満員の大観衆」が消えた。

飛沫防止のため、ファンは声を出しての応援も自粛となり、夜空に舞う華やかなジェット風船も、飛ばすことができなくなった。

監督やコーチ、選手たちも、試合中のベンチ内ではマスクを着用するようになった。

スポーツという、華やかで、そして活気に満ち溢れたはずの世界に、どこかその光景は似つかわしくないように感じるのは、私だけなのだろうか。

新型コロナウイルスは、日本社会を、いや世界全体を、どこか窮屈に、ゆとりのないものに変容させているような気がしてならない。

何かが、おかしい。どうも、しっくりこない。

だからこそ、ここであえて強調してみたいと思う。

あの日、日本中で唱え続けた「絆」という言葉を――。

東日本大震災と東北楽天

２０１１年（平成23年）３月11日。

マグニチュード９・０。

東北地方に壊滅的な被害をもたらした『東日本大震災』が発生した。

警察庁が発表した、２０２０年（令和２年）３月１日付の震災９年での被害状況は、死者１万５８９９人、行方不明者２５２９人。

死者数という〝塊〟だけで、その被害の大きさを表現してしまうのは決して本意ではないのだが、その数字は東日本大震災がもたらした被害の甚大さを物語っている。

プロ野球界にも、大震災の影響が重くのしかかった。

被災地となった仙台に本拠地を置く東北楽天は例年、２月に沖縄・久米島でキャンプを行い、オープン戦の時期に、南の方からゆっくりと北上していく。

試合を重ねながら、開幕の3月下旬に合わせて仙台に戻ってくる。その頃になれば、春の遅い東北であっても、野球をやれる環境になっている。

その〝途上〟での大災害だった。

だからそのとき、選手たちの大半は仙台に不在だった。

スポーツは、傷ついた被災地と被災者たちに勇気を与える力がある。そのチーム名に「東北」を名乗る楽天は「復興へのシンボル」となるべき存在でもある。

しかし、その〝スポーツの力〟という合言葉は、未曽有の大災害の前には、どこかきれいごとのようにも聞こえてしまう。

日々の生活を、そして大切な家族を失った人たちがいた。

津波で、町や村のすべてが押し流されたところもあった。

スポーツとは、日々の生活が充実しているからこそ、心から楽しめる「余暇」であり「レジャー」でもある。だから、生活の基盤という「ハード」が壊れてしまっては、スポーツという「ソフト」は、稼働することができないのだ。

俺たちは、野球なんかやっている場合なのか——。

迷いと疑問。そしてジレンマを抱えたまま、楽天の選手たちは、震災から約1カ月後の4月に入り、初めて〝震災後の仙台〟に戻ることができた。

被災者の激励のため、数グループに分かれて宮城県内の避難所へ足を運んだ。

「野球で元気なところを見せてください」

山﨑武司《やまさきたけし》は「逆に励まされた」という〝そのとき〟の思いを、今も忘れないという。

やらなきゃいけない。この人たちに笑顔を取り戻させることが自分たちの使命だ。

野球で、力を与えないといけない。

ファンのために、そして傷ついた被災者たちのために、全力でプレーするんだ。

それが「地域密着」を標榜するプロスポーツチームの使命でもあり、選手と東北の人たちとの間に、確かに生まれた深い「絆」を実感する瞬間でもあった。


あの日から10年という月日が経った２０２１年（令和3年）。

未曽有の大災害の記憶は、まだ風化するには早すぎる。

なのに、あの日の「絆」は、新型コロナウイルスという〝強敵〟によって、容赦なく、そしてもろくも断ち切られようとしているかのように見える。

感染予防の観点から、２０２０年（令和2年）のプロ野球開幕は「無観客」だった。観客数の減少は、球団経営の根幹を担う「入場料収入」の激減とイコールだ。

ファンとの握手も、サインを書くことも、万が一の感染を避けるために自粛となった。

つまり、コロナ禍ではファンとの触れ合いすら許されない。

球場に来ないでください。応援は控えてください。選手と会わないでください。

プロ野球界は、そんな〝異常な呼びかけ〟を行わざるを得ない状況に陥っている。

ファンとの「絆」を、自ら断たざるを得ないという危機に瀕しているのだ。

「球場に来るって、野球を見るだけじゃないんですよ。人の雰囲気を感じて、大声を出して、ストレスを発散して、球場で美味しいご飯を食べて、みんなで楽しい時間を過ごす。そういうのがなくなるのは、ホントに寂しいことですよ」

あの日、被災者と触れ合い、そして交わした約束を、山﨑は今も忘れない。

それが、楽天の「闘うモチベーション」になった。

そうした〝触れ合いから生まれる力〟を知るからこそ、山﨑はコロナ禍の今を、心の底から、憂えているのだ。

山﨑武司の「あの日」

山﨑武司というプレーヤーは、まさしく「楽天の顔」だった。

2004年（平成16年）の「球界再編騒動」。その引き金を引くことになったオリックスと近鉄の球団合併構想が進行する中、山﨑は合併前のオリックスで戦力外通告を受けた。当時36歳。現役引退も脳裏にちらついたという山﨑だったが、己の持てる最後の可能性にかけ、仙台に発足した新球団・東北楽天への移籍を決めた。

ベテランの飛躍は、名将・野村克也《のむらかつや》との出会いにあった。

綿密なデータを生かし、相手の作戦や心理を読む〝野村ＩＤ野球〟を吸収した山﨑は、2007年（平成19年）、自身39歳のシーズンにして、本塁打・打点の2冠王に輝いた。セ、パ両リーグでの本塁打王獲得は、史上3人目の快挙でもあった。

戦力外通告からの華麗なる復活は「おじさんの星」と称えられ、楽天の押しも押されもせぬチームリーダーとして、山﨑の存在感は光り輝いていた。

2011年（平成23年）からは、中日時代の恩師でもある星野仙一が、その前年に最下位だった楽天を建て直すべく、新たに監督に就任していた。

その幕開けとなるシーズン直前に、東日本大震災が発生した。

あの日、山﨑は兵庫・明石にいた1軍本隊とは別行動で、埼玉・戸田で行われたファームの教育リーグ、対東京ヤクルト戦に出場していた。

ベテランにのみ許されていた、開幕へ向けての独自調整の最終段階だった。戸田での試合を終えると、兵庫・明石から横浜に移動してくる1軍に合流する予定になっていた。

その戸田での試合中に、グラウンドが大きく揺れた。

「震度2、3くらいなら、外にいたら地震ってあまり感じないじゃないですか？　あのときは、長かったんです、揺れが。最初、だらだらっという感じで、なんかなげーな、すごいのが来るんじゃない？　って思ったら、ズドズドって感じで……」

グラウンドにいた山﨑は、信じられない光景を目の当たりにした。

外野スタンド奥に張られたネットが波打つように揺れ、ネットを左右から支えていた鉄柱もそれに引っ張られ、互

山﨑武司

いにぶつかりそうになるくらいにまでしなっていたという。

さらには外野席後方に停車していたバスが、そのままひっくり返るのではないかと思うほど、縦に、そして横に揺れ動いているのも視界に入ったという。

これは、とんでもないことが起こった……。

戸田から車で横浜へ向かった。いつも混雑しているはずの首都高速道路には「車が一台も走ってなかったんです」。

1軍本隊とも、全く連絡がつかない。横浜の選手宿舎に到着すると、近くのコンビニエンスストアに足を運んでみたが、食料も飲み物も売り切れ、商品が何もなかったという。テレビから流れる映像は、東北の沿岸に襲いかかる巨大津波が映し出されていた。福島の原発にも、大きな被害が発生していることで、首都圏にも緊張が走っていた。

「テレビで、津波の状況をリアルタイムで見たんです。仙台の空港から、自分が住んでいるホテルまでの動線も分かるじゃないですか。これはえらいことになったぞと」

驚き、そして戸惑う山﨑のもとに、明石から移動してきた仲間たちが合流してきた。仙台にいる家族と連絡がつかない選手や関係者も多く、その表情は一様に憔悴《しょうすい》していた。

「おい、どうする?」

山﨑に声をかけられた平石洋介《ひらいしようすけ》も、現状を把握し切れず、困惑の渦の中にいた。

「ああいう大きな津波は、想像もしていなかったですから……。これは、すごいことになってしまっていると……」

星野仙一流「帝王学」

あの日、平石は兵庫・明石で行われたロッテとのオープン戦に出場していた。

地震の一報は、ベンチ裏の球団関係者から、試合中に伝えられたという。

楽天はもちろん、ロッテの本拠地も千葉にある。被害状況や家族の安否を確認するのが最優先だ。選手だって、気が気じゃない。試合どころではないはずだ。

楽天の試合は、8回表で打ち切られることになった。

平石が、ふと気になって連絡したのは、明石の試合に出場しないため、先に横浜へ移動することになっていた〝先乗り組〟の仲間たちだった。

「どこだろう、これ？　まだ関西ですね。止まってしまいました」

彼らも、新幹線がストップしたことで、車内に缶詰め状態になっていたという。

当時、平石の家族は関西で過ごしていた。オープン戦が終わる頃に仙台に戻って来るチームに合わせて、仙台に戻ってくるのが、毎年のスケジュールだったという。

だから、家族の無事ははっきりしていた。しかし、仙台の自宅がどうなっているかは分からない。仙台の知り合いに電話をかけても、全くつながらない。

荷物をまとめた楽天の選手たちは、明石公園野球場から宿舎ホテルへ戻ることになった。移動のバスの車内に設置されたテレビからは、津波の光景が映し出されている。

誰もが、その衝撃の映像に見入っていた。そして、一言も発しようとしない。

「知り合いにも電話がつながらないから、何も分からなかったんです」

迷いと不安を抱えたまま、横浜へと移動した平石は、選手会会長の嶋基宏《しまもとひろ》（現東京ヤクルト）や、主将の鉄平《てっぺい》（現東北楽天1軍打撃コーチ）らに声をかけ、先に宿舎に到着していた山﨑ら、ベテラン選手も交えての〝緊急会談〟を行った。

その後、チーム全体の意見集約のための全体ミーティングも開催された。

「こんなときに、野球をやっていられない」

「仙台に戻って、被災者の人たちのために何かできないのか？」

選手たちの総意は「とにかく仙台に戻る」というものだった。

これに異を唱えたのが、監督の星野だった。

「お前ら、甘ったるいことを言うな。野球だけ、やっときゃええんや」

その非情な一喝に、選手たちから反発の声が上がった。

「そのときは、なんて冷たい人やと思ったんです、正直な気持ち。僕ら、野球どころじゃないだろうと。まともに生活できない人があれだけいる中で、なんて監督は冷たいんやと」

平石が、星野の〝真意〟を知ることになるのは、現役を引退して星野の下でコーチに就任した後のことだったという。


震災当時30歳、プロ7年目だった平石は、楽天発足直後の2004年（平成16年）にドラフト7巡目指名で入団した、生え抜きのチームリーダー的存在だった。

大阪・PL学園高時代には、左肩の負傷で背番号「13」ながら、PL学園高史上初となる〝補欠番号での主将〟として、チームを牽引してきた。

1998年（平成10年）夏の甲子園・準々決勝。

横浜高と繰り広げた延長17回の大激闘。平石は三塁コーチャーとして、エース・松坂大輔と捕手・小山良男《こやまよしお》（後に中日）のバッテリーのクセを見抜き、チームメートたちに狙い球を絞らせて攻略に成功したその〝野球脳の高さ〟は、今も語り草だ。

その後も関西の名門・同志社大から社会人の強豪・トヨタ自動車でプレー。アマチュア野球界の王道を歩み続けてきた。

リーダーシップにはかねてから定評があり、この年も楽天選手会の役員を務めていた。

「役員の中で僕が一番年上だったんです。毎日のように役員同士で話し合いましたし、球団とも話しました。そこにタケさん（山﨑のこと）にも入ってもらって、それこそ、毎日のことでしたね。これから、どうするって……」

2011年（平成23年）を最後に現役引退した平石は、2013年（平成25年）に楽天が初の日本一に輝いたとき、星野のもとで1軍打撃コーチ補佐を務めるなど、指導者としてのキャリアを順調に積み重ねていた。

2018年（平成30年）のシーズン途中、成績不振を理由に途中休養した梨田昌孝《なしだまさたか》の後を受けて1軍監督代行となり、2019年（令和元年）のシーズンは1軍監督を務めた。

「直接、いろいろと話しているときに、その話になったんですよ」

星野が〝あの日の思い〟を語り出したという。

「俺がなんで、あんなことをずっと言うてたか、分かるか?」

そう切り出した星野は、平石の〝リーダーとしての資質〟を、かねてから高く評価していた。だからそれは、星野流の「帝王学」の伝授という意味合いもあった。

トップに立つ人間は、どんな困難な状況に直面しても、決して己の感情だけに流されてはいけない。部下である選手を前に、不安や迷いを悟られたり、ましてや弱音を吐いたりしては、組織全体にその〝動揺〟が伝わってしまうのだ。

時が経って、平石にその「教訓」を伝えようとしたのだ。

「本心は、そんな思いのわけがないやろ。地震直後に、俺らがちょっと手伝いに帰るとか言って、帰ってみろ？　そんなことしたら、ホンマにすぐに被災地に行かんとあかん人たちが、行かれへんようになるかもしれんのやぞ。そんなきれいごとを言うたらあかん」

星野も、必死に耐えていた。

実は星野は、選手たちに〝待機〟を命じる一方で、球団サイドにかけあい、仙台に残留していたリハビリ組の選手やスタッフ、さらには選手の家族を避難させるために、バスを手配していたのだという。

「その言葉を聞かされて、なるほどなと思ったんです。復興の支援に早急に行かないといけない人たちが、山のようにいる。それが、僕らが行ったところで何の力にもなれない。星野さんがあのとき、ずっと言いたくもないことを言い続けた。僕は、それを後々に聞けて、自分の考えがそれこそ、甘かったと。そこまで読めていなかった。あのときの状況が状況だったんで、みんな家族のこともありましたしね」

チームを率いるというその重責の中で、前例のない事態に陥った中での判断がいかに難しいのか。星野の葛藤が、そのときに初めて実感できたという。

一方、山﨑は愛知県内に自宅があり、仙台へはホテル暮らしでの単身赴任だった。

「まず自分たちの足元を固めてから、という話は、みんなでしたんです。だから震災があってから、楽天として仙台に帰ったのは1カ月後です。ボランティアとか、プラス、スポーツ界、サッカーも支援している。でも、東北で先頭に立って引っ張っていかないといけないのは、東北楽天ゴールデンイーグルスですよ。だからみんな『帰りたい』『仙台に戻って、お役に立ちたい』と。しかし、星野さんからOKが出なかったんです。

やっぱり、指揮官として足並みを揃える。監督としてはそれが一番なんです。選手たちを危険な目に遭わせない。戻るにしても、交通手段が全然なかった。すぐ、というのも無茶な話ですよね。でも一家の主として、家族が仙台にいたら何としても仙台に帰りますよ。野球なんか後でもいいと。もしあのとき、自分の家族が仙台にいたら、僕はいの一番にルールを破っていましたね」

そんな山﨑の述懐を、平石は「武司さんなら、でしょうね」と受け止めていた。

「野球なんてやっている場合なのか」

2011年（平成23年）のプロ野球開幕は、3月25日から4月12日への延期が決まる。本拠地・クリネックススタジアム宮城（当時＝略称・Kスタ宮城）の整備や被災地の復興状況を踏まえた上で、楽天の主催試合としての開幕は4月15日の甲子園球場となった。兵庫・西宮市の甲子園、同・神戸市のほっともっとフィールド神戸での計6試合がホームゲーム扱いとなり、仙台での開幕は4月29日にセットされた。

楽天の選手たちは、関西で開幕へ向けての調整を続けながら、被災地へ向けての救援物資を送り、積み込み作業に協力するなど、地元への支援を連日のように続けていた。

仙台に戻ったのは、震災からおよそ4週間後の4月7日だった。

甲子園球場で練習を行った後、大阪・伊丹空港からまず山形へ飛び、そこからバスで仙台に入る。翌8日、選手たちは4グループに分かれて避難所を訪問。それを終えると、バスで仙台から遠征先の千葉へ入るという1泊2日の強行スケジュールだった。

震災後、初めて戻ったその夜、仙台に「震度6強」の余震が襲った。

山崎は、単身赴任生活を送っているホテルの前にあるサウナで、疲れを癒していたそのときに、余震に遭遇したという。

「ホテルに戻ったときも、自分の部屋がぐちゃぐちゃになっていたんですけど、揺れたときには、びっくりしました。風呂場の湯が、全部外に出ちゃいましたから」

震災後、初めて仙台の自宅マンションに被害状況を確認に行くことになった平石には、地元のテレビ局各社から「家の中を取材させてほしい」という要望があり、平石は妻と連絡を取り合った上で「リビングとキッチンだけ」の条件で、撮影を了承したという。

「めちゃくちゃになっていました。まだそのとき、電気もガスも通っていませんでした」

家具が倒れ、食器が散乱した家の中は、足の踏み場もない状態だった。

平石は、投手の岩隈久志《いわくまひさし》（後に米マリナーズ～巨人。2020年に現役引退）と一緒に、捕手の井野卓《いのすぐる》（後に巨人～東京ヤクルト。現東京ヤクルトスコアラー）が運転する車で、電気とガスが通っていた岩隈の家に向かおうとしていた矢先に、余震が発生した。

「テレビで、僕が家に帰ったときの映像が流れていて『平石さん、やってますよ』という話になって、3人で見終わって、じゃあ、車で出ようかと。それでバックし出したら、車が揺れているんですよ。井野に『ちゃんとバックせいや』って言ったら『いや、ブレーキ踏んでますけど』って……。めちゃくちゃ揺れていました」

また大きな地震が来るかもしれない。また津波が襲ってくるかもしれない。

仙台の、そして東北の人たちが、止むことのない恐怖の中で不安な日々を送り続けていたことを実感した平石は改めて、事態の重大性を思い知ったという。

「これ、明日、被災地に行ってる場合じゃないんじゃないかと。あのとき、そう思ったことを、今でも覚えていますね」

俺たちは、本当に野球なんかやっている場合なのか――。

〝見えない力〟を感じた瞬間

宮城県名取《なとり》市へ向かった山﨑は、避難所に足を運ぶのが「怖かった」と振り返った。

「今さら何だ、遅いよ。そう言われると思ったんです。それが怖かったし、言われても当然だと思ったんです。覚悟していきました」

避難所へ向かう車窓からの景色が、どんどんと寂しくなっていく。

津波で流されてきたと思われる瓦礫や、無残にも壊れてしまった家の残骸が取り除かれることもなく、その場に積み上げられたままだった。

選手たちは凄惨《せいさん》なその光景に言葉を失い。涙ぐむ選手もいた。

そんなとき、山﨑は自分たちの乗っているバスに、避難所の下増田《しもますだ》小学校から手を振っている小学生たちの姿が目に入った。

その避難所は、訪問予定には入っていない。スケジュールは分刻みで、名取市役所では市長との会談もセッティングされていた。

窓越しに手を振っていた山﨑だったが、もう、じっとしてはいられなかった。

「止まってくれ。市長には、ちょっと待ってもらおう」

そう言って、山﨑はバスを降りていった。他の選手たちも山﨑に続いた。

「うわ、山﨑さんだ！」

笑顔の子供たちが、山﨑に向かって走り寄って来た。

明るい歓声が、避難所の重苦しい空気を一変させた。感激で涙を流す被災者もいた。

「試合、やってください」

「野球で元気なところを見せてください。明るい話題が欲しいんですよ」

「自粛なんかしなくていいです。下向いてばかりじゃダメなんで」

声をかけてくれた一人一人に、山﨑は何度も頭を下げ、握手を交わした。

「子供をなくした方や、家もなくなって、すべてをなくして、この先真っ暗という人もいた。僕たちが激励に行ったはずなのに、逆に励まされた。逆だなと思いましたけどね。

野球界って、お客さんあってのスポーツです。お客さんに来てもらって、自分たちの給料も成り立つ。震災で、野球がいるの？　いらないの？　と言えば、別にいらない。そういうことも考えました。でも、ボールを遠くへ飛ばす。150キロの剛速球を投げる。そういうことにファンの人たちが一喜一憂してくれる。それって、すごいことですよ。

野球がなくったって、生きていけるんです。選手と医者、どっちが必要かといえば、そりゃ医者ですよ。されど野球なんです。それで笑ったり、怒ったり、泣いたりしてくれるんですよね。だから、全うしなきゃいけない。やれることをやらないといけない。あのとき、それを、ホントに感じましたね」

その年、楽天は66勝71敗7分けの負け越しで、5位に終わった。

しかし、本拠地・Kスタ宮城での64試合に限ると31勝29敗4分け。秋田と岩手での主催試合を含めると33勝となり、仙台、そして東北での試合は勝ち越している。

「優勝します。そう言って、野球をやりました。でも、あのときの戦力を見たら、僕も長く野球をやってるから、そりゃ優勝できないのは分かりますよ。でも、できるだけ多くの勝利を見せたいという思いは、ホントにありましたね」

ファンの後押しというその〝見えない力〟を、山﨑は背中に何度も感じたという。

年末恒例、日本漢字能力検定協会がその年を表す「今年の漢字」を選出する。東日本大震災が発生したあの2011年の漢字は「絆」だった。

その選考理由を、同協会のHPから抜粋してみる。

日本国内では、東日本大震災や台風による大雨被害、海外では、ニュージーランド地震、タイ洪水などが発生。大規模な災害の経験から家族や仲間など身近でかけがえのない人との「絆」をあらためて知る。

人と人との小さなつながりは、地域や社会などのコミュニティだけでなく、国境を越えた地球規模の人間同士の「絆」へ。

SNSをはじめとするソーシャルメディアを通じて新たな人との「絆」が生まれ、旧知の人との「絆」が深まった。

未曽有の大災害で、日々の生活を、大事な家族や友人を失ってしまった人たちがいる。

それは、決して他人事ではない。自分がもし……と、その立場を置き換えてみる。

悲しみ、苦しみ、悩み。

その〝共感する心〟が、被災地との「絆」の源なのではないか。

楽天は、東北の人たちと手を携え、その困難を共に乗り越えていくことで、真の「地域の球団」へと変わっていった。

その2年後、初の日本一に輝いたのは、あの日から育まれてきた土台から、しっかりと芽吹いてきて、大きく花が開いたその〝成果〟だといっても、決して大袈裟ではないだろう。

その「絆」に救われ、再び立ち上がることができた一人の女性がいた。

仙台移住を決めたチアリーダー

2011年（平成23年）1月、楽天球団オフィシャルチアリーディングチーム「東北ゴールデンエンジェルス」のオーディションに合格した内絵梨香《うちえりか》が、シーズン開幕を前に、埼玉から仙台市泉区黒松《くろまつ》へ居を移したのは、その年の3月8日のことだった。

その3日後、あの大震災に遭遇する。

ちょうど、出かけようと身支度をしていたときだったという。

「何が起こったのか分からなかったというか、記憶が……」

地震のためか、開きが悪くなった玄関のドアを蹴り、とにかく外へ飛び出すと、緩い坂の先に見える「杜《もり》の都《みやこ》信用金庫」の看板が、左右に大きくしなっていた。

「あ、折れる……」

信じられない光景を目の当たりにして、内はその場に立ちすくんでしまった。

「どうしようと……。怖くて、1人でパニックになっていました」

見知らぬ町で、逃げるべき場所も分からない。知り合いもいない。携帯電話も通じない。ひっきりなしに続く余震の中、1人で泣きじゃくっていた内を見かねた、近くの美容室の店員が声をかけてくれた。

「ここにいても危ないから、避難所に行った方がいいよ」

教えられた避難所は仙台市立八乙女《やおとめ》中。ちなみに、サッカーの元日本代表・香川真司《かがわしんじ》がこの中学の卒業生だ。新居からは、普通に歩けば5分足らずで着く。

しかし、土地勘のない内にとっては、とてつもなく長い距離に感じたという。

グラウンドには、近隣の住民たちが押し寄せていた。小雪が舞う中、日も暮れようとしていた仙台は、寒さが一段と厳しさを増していた。

体操用のマットが敷かれた体育館には、ストーブが3台しかなく、およそ100人の避難者に配られた晩ご飯は、ペットボトルの水とクラッカー数枚だけだった。

身動きが取れないほどの狭いスペースで、日が暮れた後は、暖を取るストーブの赤い灯が明かり代わりだった。電気も通っていない状況では、テレビを見ることすらできない。だから内は、自分がどういう状況に置かれているのかも分からなかったという。

埼玉生まれの内は、ダンス一筋の生活を送り続けてきた。

舞踏を専攻した短大を卒業すると、2000年（平成12年）に、中日の「チアドラゴンズ」のオーディションに2度目の挑戦で合格、3年間にわたって名古屋で活動した。

2003年（平成15年）からは、ディズニーランドやディズニーシーを主たる舞台として活躍。プロのダンサーとしての活動に区切りをつけた2010年（平成22年）は、千葉県内のダンススタジオで後進の指導にあたっていた。

「でも、心のどこかで『まだやれる』って思って……」

当時32歳の内は、年齢制限のないプロ野球球団のチアを探した。それが楽天の「東北ゴールデンエンジェルス」だった。

もう一度、踊りたいという思いが強かった。しかし、仙台には縁もゆかりもない。書類審査を通過し、いざ最終オーディションとなると、心に迷いが生じてきたという。

「行く、って決めたのは、オーディションの前の日の夜でした。やめる人生だってありました。そう考えると、すごい分岐点です。人生のすごいターニングポイントでした。選んでなければ、もう野球の世界には戻って来ていなかったでしょうし、あのときの〝体験〟もすることはなかったでしょうから」

1月16日、朝一番の新幹線で仙台へ向かった。

インタビューと2度の実技審査を経て、その日のうちに合否が発表される。

「受かると思っていなかったんです。でも……」

合格した内にエンジェルスのTシャツが渡され、それを着て記者会見に出席した。

「今後の生活のこともあるし、千葉で教えることも続けながら、仙台に通うことにしたんです。1年間だけ、最後に頑張ってみようと……」

仙台に引っ越したのが3月8日。プロ野球の開幕は17日後に迫っていた。

あの日は、荷物の片付けがやっと終わった頃だった。

避難所の体育館で、東北の寒さを初めて実感した。

「寒かったです。トレーナーの上に、ダウンジャケットくらしか着ていなくて……」

〝冬装備〟には程遠い姿に「どうして、この人は軽装なんだろう?」。

今野美南海《こんのみなみ》(現姓・齋藤《さいとう》)が、寒そうにしている内に気づいたのは、同じ避難所でストーブを囲んでいたときだった。


当時、仙台市内の美容院で美容師として働いていた美南海も、黒松駅から歩いて数分のマンションで一人暮らしを始め、半年ほどが過ぎた頃だった。

美南海の実家は、宮城県南部の内陸部にある角田《かくだ》市。電気をはじめとしたライフラインは止まったものの倒壊は免れ、家での生活ができる状況にあった。

美南海の父・廣《ひろし》は、その前日に福島県内の病院を退院したばかりだった。

3月11日は、通院した車での帰りに大地震に遭遇した。

携帯電話が低いうなりを上げ「緊急地震速報」の表示を目にした途端、車のハンドルのコントロールが利かなくなり、大慌てで車を停めたという。

ブロック塀が倒れ、白い煙が立ちこめたシーンが、廣の目に今も焼き付いているという。

娘に何度もかけた電話が、一度だけつながった。

「どこにいるんだ?」「避難所」「そこから動くな」

夜明けを待ち、廣は美南海の母・淳子《じゅんこ》とともに車で仙台市内に向かった。

幹線道路の国道4号線は、仙台へ向かう車で大渋滞が発生していた。いつもなら1時間ほどで到着する仙台市内まで、4時間以上もかかった。

廣と淳子が、やっとの思いで八乙女中にたどり着いたのは、午前9時過ぎだった。

しかし、体育館を見渡しても美南海の姿がない。携帯電話が、またも奇跡的につながった。

「どこにいるの?」「スーパーに並んでいるんだけど……」「帰って来なさい」

内と一緒に、黒松駅前のスーパーの開店を前に並んでいたのだ。


八乙女中の体育館で、内と美南海は励まし合いながら、不安な一夜を過ごしていた。

「そのとき、内さんが楽天のチアだって、初めて聞いたんです」

美南海は、避難所に来る前に毛布やベンチコートを持てるだけ持って来ていた。

軽装の内に毛布を渡し、互いの自宅に残っていた食料を照らし合わせ、足りないものを買いに行こうと、黒松駅前のスーパーの開店1時間前から、2人で長い行列に並んでいた。

美南海の携帯が鳴った。両親が避難所に到着したという連絡だった。

「親が迎えに来てくれたから、帰るね」

遠ざかっていく美南海の背中を見ながら、内はこぼれそうになる涙と、湧き起こってくる寂しさを、必死にこらえていた。

「1人で乗り越えなきゃいけない。その覚悟はしていました。でもこの後、私はどうしたらいいんだろう。明日、どうしたらいいんだろう。エンジェルスの活動がどうこうじゃなく、明日どうやって生きたらいいんだろう。それしかなかった……」

また、独りぼっちになった。孤独な時間は、なぜかゆっくりと過ぎていく。

15分ほど過ぎた頃だった。

「内さん」

その声に振り向くと、美南海の姿があった。

「内さんを、ここに1人で置いておけません」

「奇跡の出会い」

八乙女中に、美南海が戻って来た。

「娘です」

淳子がそう言うと、周りの避難者たちから拍手が起こったという。

マンションに戻って荷物を詰め、角田の実家へ戻ろうと車に乗り込む直前だった。

「一緒に避難所にいた人がいるの。連れて帰ってもいいかな?」

地震と津波で、想像を超える大きな被害が出ていた。角田の家も、電気などライフラインが完全に止まったものの、家自体に問題はなく、食料もしばらくは何とかなる。

ただ、明日、あさって、1週間後……。

先が全く見えない状況下で、避難所で知り合ったばかりの女性を、家に迎え入れようというのだ。

娘の懇願とはいえ、廣は内の素性どころか、顔すらも知らない。

「そうやって言われれば、そうですね。でも、内さんだって、私たちのことを知らないわけですよ。それに美南海も内さんがいて、被災した夜をお互いに励まし合って過ごしたからこそ、不安な夜を乗り越えられたんです。その人を避難所に置いていけますか? 私には置いていけないですよ。切なすぎるじゃないですか」

そう語った廣も、そして淳子も〝即決〟だった。

美南海は、内のもとへ大慌てで駆けていった。

「あの状況で内さんを置いてきたら、私は一生後悔する。そう思ったんです。あのまま実家に戻っていたら、震災のことを思い出すたびに『内さん、どうなったかな……』と考えてしまう。角田まで帰っちゃうと、呼び戻しに行くこともできない。確かに、おせっかいかなとも思いました。内さんの事情だってあるじゃないですか。角田まで連れていったら、反対にこっちに簡単には戻れない。チアの人たちが集まれば、また違う環境になるかもしれないですしね。でも私が仮に、埼玉で引っ越し3日後にこんな状況になったらと思うと……。頑張れって言っても、頑張れないですから」

内は、車の中で「見ず知らずの私に……」と泣きじゃくっていた。

淳子が手渡してくれた梅干し入りのおにぎりの温かさを、今でも忘れないという。

「梅干し、嫌いなはずなのに……。食べていたんです」

涙でかすむ窓の外に見える街の景色は「映画の世界みたいでした。あまりに現実離れしすぎていて……。受け入れられない感じでした」。

信号の灯りは、すべて消えていた。道路には陥没と隆起が交互に現れ、車が何度も跳ねた。火災のせいだと思われる黒い煙が、何度もフロントガラスの前を横切っていった。

震災の状況を報じた新聞に初めて内が目を通したのは、美南海の実家に着いた翌日、震災発生から2日後の3月13日だった。

実は、仙台でマンションを借りるとき、仙台駅からは内陸側になる黒松にするか、その逆の、海に近い街にするか迷っていたというのだ。

「だから、海の方を選んでいたら……」

自分が、津波に襲われていたかもしれない……。その恐怖が、体中を駆け巡った。


角田の今野家は、幸いにも建物自体には大きな被害はなかった。それでも、電気は全く使えない。夜は、ローソクの明かりだけが頼りだった。

廣は、絵梨香を元気づけようと、たびたび外へ連れ出してくれた。

「じゃあ、薪《まき》を割っといて」

内は、初めてナタを振るったという。震災後、初めて入った風呂は、その薪で焚いた〝五右衛門風呂〟だった。

今野家から車で10分も走ると、角田市と亘理《わたり》町を結ぶ「角田山元《やまもと》トンネル」の入り口に出る。全長961メートル。そこを抜けると、景色が激変していた。

大津波の被害が、その峠で分かれていたのだ。幸か不幸か、そこには遮《さえぎ》るものが何もな

今野美南海（右）と内絵梨香

いせいで、携帯電話がつながりやすくなっていた。

廣は毎日、そこへ内を連れ出して、電話をかけさせた。

埼玉の両親にも無事を伝えることができた。山形にいる内の親戚が迎えに来ることができたのは、内が角田での避難生活を始めてから3日後のことだった。

「美南海ちゃんに出会ってなかったら……。連れてきてもらっていなかったら……。それがもう、想像できないんです。私、どうなっていたんだろう……。そう考えると、奇跡の出会いなんです。美南海ちゃんが、あのときいなかったら……」

美南海との出会いが、その後の内の〝心〟

を大きく変えていくことになる。

「この一年、全力で頑張る」

楽天球団からは、エンジェルスのメンバーに対し「無期限待機」の通達が届き、内もメールで毎日「ここにいます」という安否確認を球団に行わなければならなかった。

山形の親戚宅からバスで新潟に出て、そこから上越新幹線に乗り、埼玉の実家に戻ったのは4月初旬のことだった。

2011年（平成23年）のプロ野球開幕は、当初予定の3月25日から4月12日にずれ込み、楽天の本拠地・Kスタ宮城での初戦は4月29日のオリックス戦に設定された。球団も球場の修繕や運営体制の立て直しを急ピッチで進めていた。

仙台での〝激動の日々〟がウソのように、いつもの生活が戻りつつあった。

「でも、ちょっと落ち着くと、やりたくなるんですね。怖いというより、やりたいという気持ちが強くなったんです」

実家での生活が10日ほど経ったとき、仙台に〝戻る〟ことを決意する。

「お世話になった家族に、感謝を伝えないといけない。それは私がチアを続けること。諦めない。それを伝えたかったんです」

被災地へ戻ることを一度は反対した両親も「やった方がいいかもね」。

グラウンドに立って、東北の人たちを勇気づける。それが、美南海への恩返しにもなる。

「この1年、全力で頑張る」

その覚悟を胸に、内は再び仙台の地を踏んだ。


活動再開は4月中旬。開幕まで全体練習は1度しかできなかった。

球場での応援に加えて、毎日のように「避難所訪問」があった。被災者と一緒に「チア体操」を行ったり、パフォーマンスを見せて励ましたりしたという。

「複雑な気持ちもありました。自分も震災の被害に遭った。それよりもひどい目に遭っている人たちがいる。その人たちのところに自分はメークをして、髪もきれいにして、きれいなジャージを着て行く。もし、自分が逆の立場なら、うれしいのかな。そういう迷いはありました。楽しいのは、その一瞬だけ。訪問されても、その後でよけい寂しく思わないかなとか……。いろいろな捉え方があると思うんです。ひねくれた思いなのかもしれませんが……」

そんな葛藤の中で、被災者の方々から「来てくれてありがとう」「元気になったよ」という言葉をかけられるのが、内にとっては何よりもうれしかったという。

〝激動の経験〟を糧にして、名古屋へ

その年の6月11日、12日の両日、仙台で東北楽天対中日のセ・パ交流戦が行われた。内は、チアドラゴンズのメンバーを引率してきた中日球団の石黒哲男《いしぐろてつお》と久々の再会を果たすと、仙台名物の牛タンを食べながら〝激動の経験〟を涙ながらに話した。

「ウチに戻っておいで。コーチになって教えてあげてよ」

石黒はその場で内に告げ、名古屋に戻ると、球団にも即、その方針を伝えた。

「これだけの経験をしている人はいないです。それが、チアの指導者にとっては大事だと思ったんです。だから、すぐに決めました。球団にも『こうしますよ』って」

あまりの重責に、一度は内も「そんな大それたことはできません」と、石黒に断りを入れている。それでも、気持ちはその〝新たなる道〟へと傾いていく。

「これは、やっぱりチャンスだ。助けてくださった人たちのためにも、そして自分がステップアップするためにもやろう」

今野宅へ、内は電話を入れた。「名古屋へ行きます」。

2011年（平成23年）のシーズン中、内は角田へ足を運ぶことができなかった。美南海をはじめ、廣も淳子もその当時、仙台の球場に行ったことがなかった。

それでも、試合をテレビで見ると、美南海はついつい、イニングの合間に出てくるチアの姿を、必死で追うようになったという。

「内さん、どこにいるかな……って。雑誌とかで写真を見ることもあったんです。あ、内さんだ……って。すごいなって思いました」

2012年（平成24年）のチアドラゴンズのオーディションで、初めて振付をすることになる新メンバーが決まった後の2月、内は角田の今野宅を1年ぶりに訪問した。

「今、こうやって笑える。幸せだね」

悲しかったはずの日々が、いつの間にか、かけがえのない思い出に変わっていた。

「よく、見ず知らずの私を受け入れてくれましたね」

淳子は、こう答えたという。

「美南海も、1人で不安だったんですよ。でも、内さんがいてくれて、心強かったんだと思いますよ。内さんだから、連れてきたんですよ」

かけがえのない「絆」が、そこに生まれていた。

コロナ禍で生きた〝震災の教訓〟

2020年（令和2年）、内はチアドラゴンズの振付師として9年目を迎えていた。

コロナ禍という前例のない状況の中で、難しい決断を何度も迫られていた。

「プロ野球がいつ始まるのかメドもつかない。地震のときと同じでしたね。このまま終わるのかも、と思いました」

プロ野球開幕は約3カ月遅れ。しかも、無観客での開幕となった。

観客のいないスタジアムに、チアが必要なのか。

自分たちの存在を、自分たちに問いかけなければならないという、何とも複雑で、過酷な状況の中で、内は18人のメンバーにこまめに連絡を入れ、レッスンの課題も出した。

「気持ちがつながるようにしておきたかったんです。いつか来る〝開幕〟のために、やれることをやっておこうと。誰も辞めるなんて考えてなかったと思いますよ。むしろ、これがあったから、やるべきでしょと。『チア』の思考に入っている人たちは、自分たちで、まず自分たちを元気づけないといけないんです」

それは、内自身が大事にしてきた〝震災からの教訓〟でもあった。

練習再開にあたって、内は、18人のメンバーを3分割し、6人1組のユニットを組ませた。仮に、メンバーの誰かが新型コロナウイルスに感染したときに、18人一体での行動をしていれば、残りの17人全員が濃厚接触者になる恐れもある。

そうすると、チアドラゴンズ全体の動きがストップしてしまう。

3チームは、それぞれ別の時間に練習し、リハーサルも別時間に設定した。だから内は同じ内容の指導を常に3度、繰り返さなければならなかった。

「なんか、逆境みたいなときには、ポジティブになるみたいなんです。無意識で行動していましたね。あの大震災を経験しているから、こういう風に行動できるのかなと」

満員の大観衆は、まだ戻って来ていない。声を出しての応援にも、自粛が呼び

現在の内

かけられている。それでも、観客がスタンドにいてくれれば、スタジアムにも活気が生まれる。

　チアドラゴンズの踊る曲に乗って、大きな手拍子が聞こえてくる。

「チアって、なくなったって困らない。そこが難しいところだと思うんです。でも野球だけじゃなく、チアもいるよねと、くっつけてもらえる立場になったのがうれしいですね。野球だけじゃないという部分で認めてもらえて、チアの入る隙間というんですか、エンターテインメントの部分で、お客様も今、楽しみにしてくれているんですね」

　あの日、内は美南海との「絆」に救われた。

「いろんなことがありすぎました。1人では絶対に乗り切れませんでした」

　しかし、今度のコロナ禍は真逆だ。人との距離を置くことが求められている。

「今回は、あのときより接点が少ないんです。そういう意味で〝つなげられない〟んです。そう思うと寂しいですよね。もし、って、そんなことは考えたくはないんですけど、今、もし大震災が起こっても、避難所に行って、あのときのように激励をしたいと思っても、密集させてはいけないとなって行くことができないでしょう。そう考えると全然違いますよね」

今日の夜、どうなるのか分からない。明日は、一体どうなるのだろうか。

誰も頼る人もいない。どこに行けばいいのかも分からない。

その絶望の淵で、手をさしのべてくれた人がいた。

未曾有の大震災の中で生まれた「絆」は尊く、そしてかけがえのないものだった。

絶対に忘れてはならない「苦しみ」

平石は、楽天創設の年にドラフト指名を受けて入団し、2011年（平成23年）の震災も知る〝楽天初の生え抜きプレーヤー〟として、初めての監督となった。

仙台の、そして東北の復興は、いまだ道半ばでもある。

楽天という球団が、東北の復興への『歩み』を共にしてきたその歴史を見続けてきた平石が、〝被災地の球団〟で監督を務めたという意義は大きい。

「絶対に心に留めておかないといけないものだし、その思いはずっとありました。それは重いものを背負っているというのとはまた違います。僕らは東北で、仙台で、宮城県で野球をやらせてもらっている。そこにいるファンの人たちがいる。プライベートでもいろいろな方たちと出会って、公私にわたってお世話になっている。

2019年に楽天イーグルスで監督を務めた平石洋介

その人たちが、震災のときにあれだけ苦しんだというのは、絶対に忘れてはならないことなんです。日が流れていくといったらおかしいですけど、やっぱり、風化されつつあるところだって、あるじゃないですか？　それは絶対にあかん。東北の皆さんに喜んでもらわなあかん。きれいごとではなくて、ホントに純粋な思いとしてありましたよね」

監督としてシーズンに臨んだ２０１９年（令和元年）、平石はチームを前年の最下位から3位に導きながら、監督の座を退くことになる。

しかし、その指導者としてのキャリアと実績を、他球団は放っておかない。２０２０年（令和２年）からソフトバンクの１軍打撃兼野手総合コーチに就任。チームの４年連続日本一に寄与した平石は、2021年（令和3年）もソフトバンクで1軍打撃コーチを務める。

大分生まれの平石にとっては、慣れ親しんだ九州への〝里帰り〟でもある。

しかし、家族は仙台にとどまっている。子供の進学や生活基盤も考えて、家族と話し合った末、平石は博多への単身赴任を決めたのだという。

仙台との「絆」を、大切に育み続けているのだ。

山﨑は、震災翌年の2012年（平成24年）から古巣・中日に復帰した。

翌2013年（平成25年）に27年間の現役生活を終え、その後は野球評論家として、後輩たちのプレーに熱い視線を注いでいる。

「俺は、自分の中で恩返しをしていかないといけないと思っているんです」

講演の場では、必ず東日本大震災の話を盛り込む。

「他人事と思わないでくださいと、必ず言うんです。そして行けるのなら、東北に行って感じてほしい。美味しいものを食べて、温泉に入って、被災された方の話も聞いてくださいって。それが被災者への貢献なんです。お金がすべてじゃないんです。自分で楽しんで、そして経験してほしい。東北の人たちは、あの大震災を伝えていきたいという人たちが多いんです。だから、俺も伝えたいんです」

田中将大の「恩返し」

その熱き思いは、20歳年下の後輩にも共有され、仙台を遠く離れ、海の向こうに活躍の場を移していた間にも、さらに〝醸成〟されていた。

2021年（令和3年）1月28日、田中将大の東北楽天への復帰が発表された。

メジャーの名門球団、ニューヨーク・ヤンキースで6年連続での2桁勝利を含み、メジャー7年間で通算78勝。バリバリのメジャーリーガーの32歳が、東日本大震災から10年を迎える節目の年に、ニューヨークから仙台へ帰って来たのだ。

「10年という数字は、自分にとって意味のあるタイミングじゃないかと思ったので、今回のこのような決断に至りました」

1月30日の記者会見で、田中は「10年」への思いが、今回の復帰を決断する一大要因になったことを、はっきりと口にした。

田中将大は、東北楽天という球団が「東日本大震災」とともに歩んできた道程の中で、欠くことのできない存在でもある。

2011年（平成23年）4月29日。

本拠地・Kスタ宮城（当時）で行われた〝震災後初試合〟はオリックス戦だった。当時22歳の田中が先発して9回を1失点、138球の熱投で完投勝利を収めている。山﨑は4番を務め、平石も試合途中から左翼と一塁の守備についている。

東北楽天が初の日本一に輝いた2013年（平成25年）、田中は24勝無敗という驚異的なプロ野球新記録を樹立し、その実績を引っ提げてメジャーへと羽ばたいていった。

『あの日』から10年。

地位と名誉、ビッグマネーに成功もつかんだ男が、肉体的にも精神的にも、野球人として脂の乗り切ったこの絶頂期に、もう一度、仙台のマウンドに立って投げたいという思いが芽生えた〝心情〟は、山﨑の心にもぐっと響くものがあるという。

「あの震災を経験して、やっぱり俺だって、今でも〝何か〟が心の中にある。俺たちのことを、東北楽天ゴールデンイーグルスをあれだけ応援してくれた『恩』だよね。やっぱりそれを、返さないといかんからね。だから、将大もそのつもりでイーグルスに帰って来たと思うしね。いろいろな条件が重なって2021年になったんだろうし、それがたまたま『10年』というところだとは思うんだけど、それはそれでいいんじゃないかな。

田中が日本に復帰して、例えばジャイアンツに行くとかになっていたら『はあ？』ってなるけど、やっぱり、収まりのいいイーグルスになってくれたからよかったよ。でも、将大もそんな（他の日本球団に行く）ことなんか、毛頭考えていなかったと思うよ。やっぱり、イーグルスにまた帰って来て、恩返しだと」

ただ、そうした情緒的なくくりだけで、田中の復帰を山﨑は捉えてはいない。

「俺は今回、『10年』だからって、田中が日本に帰って来たって（周りは）言うけど、やっぱり、メジャーの評価が低かったから、日本まで視野を広げたことで、条件が合致したんだと思う。できれば俺は、将大にはアメリカでやってほしかったな、というのが本音だよ」

後輩に向ける野球人・山﨑武司としての視線は、ちょっとばかり厳しいものがあった。

「だけど、帰って来た以上は、東北を盛り上げてほしいよね。仙台に帰って来た以上、やっぱり『とてつもない田中将大』を見せてほしい」

プロ野球界の「未来」

多趣味の山﨑は現役引退後、カーレーサーとしても活躍している。

２０１５年（平成27年）からは、仙台で開催されるレースに毎年出場し、そのときには必ず「東日本大震災みやぎこども育英募金」に１００万円を寄付し続けており、２０２０

年（令和2年）で6年連続6回目となった。

毎年11月には宮城県内の各地区から選抜された8チームによるトーナメント「山﨑武司杯少年野球選抜大会」が行われ、これも2020年で12回目を数えた。

山﨑は毎年、主催者としてグラウンドへ足を運び、表彰式で子供たちに声をかける。

「続けてやること。それが、俺の恩返しなんです」

山﨑も、仙台との「絆」を、今も大事にしている。

「今、『絆』って、それはさておいて、って感じになっているじゃないですか。仮に災害が起こったとしても、コロナ禍だから、ボランティアもしないでくれ、ってなるでしょ？ 今は仕方ない。でも時を経たら、これを必ず取り戻さないといけない。そうしないと、野球もそうだけど、スポーツ界全部が危機になりますよ。

こんな日がずっと続くとは思わないんだけど、でも、これでもできるんだと思われてしまうのが辛いですよね。リモートとか、コンピューターの中ですべて終わってしまう。野球もテレビの中とか、画面の中だけでいいとなっちゃう。今、コロナで、人と会うなと。一番効果的なのが、家でじっとしていることと言われるのが辛いですよ。

人との触れ合いとか付き合いとか、会ったときに分かることって、絶対にあるじゃないですか。試合での〝駆け引き〟もそうですよ。そういうのがなくなってしまう。数字ですべてが解決される。そんな時代は寂しいですよ」

新型コロナウイルスの世界的な流行で、従来のルールや慣習、やり方といったものが通用しなくなってしまうという、何とも難しい現実が突きつけられている。

無観客の試合開催、ファンサービスの自粛といった「感染防止策」は「お客さんあっての商売」であるプロ野球ビジネスの〝これまで〟を、それこそ根底からひっくり返し、全否定しているかのような状況ともいえる。

ただ、ここで、このまま、立ち止まっているわけにはいかない。

コロナ禍が終息した後の〝未来〟がどうなるのか、簡単には読み切れない。

しかし、そのときにはきっと、スタジアムには歓声と熱気が戻ってくる。

各球団は、そのための環境を整え、さらに進化させていくために、知恵を絞り、必死に汗をかき、たゆまぬ努力を現在進行形で積み重ねている。

コロナ禍を乗り越えた先に、きっと、プロ野球界の『新たな未来』が開けてくる。

ファンとの「絆」を取り戻せる日は、きっと来る——。

【参考文献】

『常識の超え方　35歳球団社長の経営メソッド』池田純著（文藝春秋）
『監督・選手が変わってもなぜ強い？』藤井純一著（光文社新書）
『パ・リーグがプロ野球を変える』大坪正則著（朝日新書）
『日本プロ野球改造論』並木裕太著（ディスカヴァー携書）
『プロ野球と鉄道』田中正恭著（交通新聞社新書）
『球界再編は終わらない』日本経済新聞社編（日本経済新聞社）
『スマート・ベニューハンドブック』杉元宣文責任編集（ダイヤモンド社）
『野球崩壊』広尾晃著（イースト・プレス）
『プロ野球ビジネスのダイバーシティ戦略』小林至著（PHP研究所）
『プロ野球ビジネスのしくみ』小林至&別冊宝島編集部編著（宝島社新書）
『メジャーリーグのWBC世界戦略』古内義明著（PHP新書）
『危機の正体　コロナ時代を生き抜く技法』佐藤優著（朝日新書）
『Z世代　若者はなぜインスタ・TicTokにハマるのか？』原田曜平著（光文社新書）
『経済学の堕落を撃つ「自由」vs「正義」の経済思想史』中山智香子著（講談社現代新書）

『モラルの起源』亀田達也著（岩波新書）
『地方の論理』小磯修二著（岩波新書）
『大衆の反逆』オルテガ・イ・ガセット著（岩波文庫）
『週刊ベースボール　2020年2月3日号』（ベースボール・マガジン社）
『ベースボールマガジン　2020年11月別冊紅葉号』（ベースボール・マガジン社）
『ライオンズ70年史』（ベースボール・マガジン社）
『球団職員の世界』（WANIBOOKS　News　Crunch）
「なぜ西武と阪神は「プロ野球」にこだわるのか」大塚良治著
（東洋経済ONLINE　2019年10月6日配信）
「チアドラ振付師の震災(1)~(4)」喜瀬雅則著
（産経ニュースWEST　2014年5月24、25、31日、同6月1日配信）
「中日松坂グッズをどう売るか」喜瀬雅則著（AERAdot.　2018年4月2日配信）
「中日松坂&根尾グッズ「爆売れ」の舞台裏」喜瀬雅則著
（AERAdot.　2019年2月9日配信）
「『野球危機』は真実か」喜瀬雅則著（『Voice』2019年9月号）

PHP
Business Shinsho

喜瀬 雅則（きせ・まさのり）
1967年、神戸市生まれ。スポーツライター。関西学院大経済学部卒。1990年、産経新聞社入社。1994年からサンケイスポーツ大阪本社で野球担当として阪神、オリックス、近鉄、ダイエー、中日、アマ野球の番記者を歴任。2008年から8年間、産経新聞大阪本社運動部でプロ・アマ野球を担当。『産経新聞』夕刊連載「独立リーグの現状　その明暗を探る」で2011年度ミズノスポーツライター賞優秀賞を受賞。2017年7月末に産経新聞社を退社。以後は、業務委託契約を結ぶ西日本新聞社を中心にプロ野球界の取材を続けている。著書に『牛を飼う球団』（小学館）、『不登校からメジャーへ』『ホークス3軍はなぜ成功したのか?』（ともに光文社新書）がある。

PHPビジネス新書 423

稼ぐ！プロ野球
新時代のファンビジネス

2021年4月1日　第1版第1刷発行

著　　者　喜瀬雅則
発行者　後藤淳一
発行所　株式会社ＰＨＰ研究所
東京本部　〒135-8137　江東区豊洲5-6-52
第二制作部　☎03-3520-9619（編集）
普及部　☎03-3520-9630（販売）
京都本部　〒601-8411　京都市南区西九条北ノ内町11
PHP INTERFACE　https://www.php.co.jp/
装　　幀　トサカデザイン（戸倉巌、小酒保子）
　　　　　齋藤　稔（株式会社ジーラム）
組　　版　桜井勝志（アミークス）
印刷所　株式会社光邦
製本所　東京美術紙工協業組合

 ISBN978-4-569-84922-5

「ＰＨＰビジネス新書」発刊にあたって

わからないことがあったら「インターネット」で何でも一発で調べられる時代。本という形でビジネスの知識を提供することに何の意味があるのか……その一つの答えとして「**血の通った実務書**」というコンセプトを提案させていただくのが本シリーズです。

経営知識やスキルといった、誰が語っても同じに思えるものでも、ビジネス界の第一線で活躍する人の語る言葉には、独特の迫力があります。そんな、「**現場を知る人が本音で語る**」知識を、ビジネスのあらゆる分野においてご提供していきたいと思っております。

本シリーズのシンボルマークは、理屈よりも実用性を重んじた古代ローマ人のイメージです。彼らが残した知識のように、本書の内容が永きにわたって皆様のビジネスのお役に立ち続けることを願っております。

二〇〇六年四月

ＰＨＰ研究所